TOBIAS HEINEMANN

ENTFESSLE
DEIN

**Stärke deine Intuition
für mehr Erfolg
und Lebensqualität**

POTENZIAL

BOOKS

Für meine Familie und all die wundervollen Menschen, die mich unterstützt und inspiriert haben, aber auch für all jene, die mir Steine in den Weg gelegt haben – ohne euch wäre meine Kunst (ich) nicht so, wie sie ist, und dafür danke ich euch allen von ganzem Herzen!

Inhalt

Einleitung

Meine erste größere Überseereise, die ich alleine und sehr spontan im Sommer 1993 antrat, führte mich nach Kalifornien, genauer genommen nach San Diego und nach Los Angeles. Ich wohnte für einige Zeit bei Loch David, einem Künstler, Biker und College-Professor in einer Person, den ich kurz davor bei einem Auftritt in Eisenstadt, Österreich, kurz kennengelernt und dann spontan »angekickt« hatte, ob ich nicht in den Sommerferien während eines Aufenthalts bei ihm auf der Couch schlafen könne. Damals gab es »Couchsurfing« noch nicht, aber genau so lief es in etwa ab. Wir wurden gute Freunde, und San Diego gefiel mir damals so gut, dass ich unbedingt in Kalifornien studieren und arbeiten wollte.

Zwei Sommer später unternahm ich mit meinem älteren Bruder Gereon einen langen USA-Roadtrip. Dank der Kontakte meiner letzten Reise und dank Loch David hatte ich verschiedene Gigs in San Diego und L.A. an Land ziehen können, doch hauptsächlich ging es darum, Land und Leute kennenzulernen, Spaß zu haben und festzustellen, ob und wo ich gegebenenfalls ein Jahr später ein Schauspielstudium antreten sollte. Zur Auswahl standen die UCLA School of Theater, Film and Television in Westwood und die UCSD Theatre & Dance in La Jolla.

Letztendlich war dann aber London doch die bessere Wahl für mich, und ich studierte am Doreen Bird College of Performing Arts Tanz, Gesang und Schauspiel. Ich nahm das schlechtere Wetter und Essen in Kauf und bekam dafür einen strengeren Stundenplan und die einzigartige Theaterdichte im West End Londons als Ersatz. In vier Jahren in der Metropole sah ich an die zweihundert verschiedene Liveshows, was eine unbezahlbare »Zusatzausbildung« bedeutete ...

Wenn ich allerdings an unseren Roadtrip in den USA zurückdenke, so ist es schon erstaunlich, wie gut wir uns nur mit einer sehr groben Karte des Flächenstaates – ganz Kalifornien auf einem DIN-A4-Blatt – zurechtgefunden haben! Ab und zu mussten wir uns zwar etwas »durchkämpfen« und auch mal mitten in der Wildnis im Auto übernachten, aber auch das hatte seinen Reiz. Geschichten zu erzählen hatten wir jedenfalls bald reichlich.

Einmal beispielsweise, als wir zur Rushhour in Los Angeles unterhalb und westlich der Hollywood Bowl im dichten Verkehr feststeckten und ahnten, dass es wohl ewig dauern würde, bis wir endlich auf der richtigen Straße landen würden, war der schnellste Ausweg aus dem Chaos ein unerlaubter U-Turn. Ich sah mich um, konnte weit und breit keinen Polizisten sehen, gab das Okay, und mein Bruder wendete das Auto bei der nächsten Gelegenheit. Kaum gedreht, heulten schon die Sirenen: Ein Polizist auf einer Harley-Davidson, der hinter einer Plakatwand versteckt war, hatte uns gesehen und brachte uns zum Anhalten.

Was dann geschah, schien wie aus einem Hollywoodfilm entlehnt. Über Megafon brüllte der Cop seine Aufforderungen: »Motor abstellen!«, »Hände ganz langsam auf das Armaturenbrett legen!« usw. Als mein Bruder kurz über seine linke Schulter blickte, wurde er erst richtig aggressiv und forderte uns auf, nach vorne zu sehen und uns nicht zu bewegen.

Im Rückspiegel sah ich, wie der Polizist sich uns langsam und jederzeit schussbereit näherte – es war ein schwarzer Cop mit verspiegelter Ray-Ban-Sonnenbrille, düsterer Miene und in einer angespannten Haltung.

Immer noch in forschem Ton forderte er meinen Bruder auf, ganz langsam das Fenster mit einer Hand zu öffnen, um dann vorsichtig die Fahrzeugpapiere und den Führerschein auszuhändigen.

Als er feststellte, dass wir Touristen waren, entspannte sich jedoch sofort sein ganzer Körper. Seine Miene hellte sich auf, er nahm die Sonnenbrille ab und erklärte uns sehr freundlich unser Vergehen und dass es uns nun leider teuer zu stehen komme.

Ich erzählte ihm, dass wir uns auf dem Weg zum exklusiven und privaten Clubhouse der AMA in Hollywood verfahren hätten, und fragte, ob er uns helfen könne. Wir kannten zwar den Weg, aber so verschaffte ich mir die Möglichkeit, im Gespräch das Eis zu brechen – es ist immer eine gute Verhandlungstechnik, gleich zu Beginn vom Gegenüber eine positive Antwort abzuholen (und in diesem Falle etwas hilfebedürftig zu wirken).

Seine Augen fingen da regelrecht zu leuchten an, als er uns verriet, dass er schon reichlich Geschichten über dieses Clubhouse gehört habe, und als ich dann auch noch erwähnte, dass ich Gedankenleser und Mentalist sei und an diesem Abend dort auftreten würde, war er ganz aus dem Häuschen.

Er schlug mir einen Deal vor: Wenn ich ihn »knacken« könne, dann würden wir keinen Strafzettel bekommen! Gesagt, getan. Ich führte mit ihm also ein kurzes »Lügenexperiment« durch, bei dem er bei einer von fünf Fragen lügen sollte – und obwohl er sein Pokerface aufsetzte, wusste ich sofort, bei welcher Antwort er geschwindelt hatte.

Er strahlte über das ganze Gesicht wie ein kleiner Junge – Amerikaner sind ja sowieso super begeisterungsfähig und Afroamerikaner sowieso.

Die Situation war schon etwas surreal: Wenige Minuten zuvor hatten noch Anspannung und Gefahr in der Luft gelegen, und jetzt machte der Polizist Shakehands mit uns ...

Das Ticket mussten wir natürlich nicht bezahlen – aber die Krönung kam erst noch, als er uns aufforderte, ihm zu folgen, er uns mit

Blaulicht, teilweise auch mit Sirene, durch den Verkehr lotste und wir in unserem staubigen Nissan-Cherry-Mietwagen mitten durch Hollywood, unter anderem auch über den Hollywood Boulevard am berühmten TCL Chinese Theatre vorbei und bis zum AMA-Clubhouse chauffiert wurden! So hatten wir unsere eigene Polizeieskorte direkt bis zum Eingang des Clubhouse und die Valet-Parking-Boys kamen gar nicht mehr aus dem Staunen heraus.

Die Geheimnisse des Lügenexperiments, das ich damals mit diesem Polizisten durchgeführt habe, werde ich im Folgenden auch Ihnen vermitteln – und natürlich noch vieles mehr.

Als 2006 meine erste eigene Primetime-TV-Serie *Der Gedankenjäger* im Schweizer Fernsehen lief, wurde ich dann auf einen Schlag bei einem großen Fernsehpublikum bekannt, das Gedankenlesen, psychologische und mentale Experimente zum allerersten Mal so erlebt hat – damals gab es Serien wie *The Mentalist*, *Lie to me* oder *Sherlock* noch nicht. Dank des großen Erfolges meiner Sendereihe wurde ich mit E-Mails geradezu bombardiert.

Die inhaltliche Bandbreite dieser E-Mails war beeindruckend – von super erfreulich bis amüsant oder erschreckend abstoßend –, einige der kuriosesten finden Sie am Ende dieses Buches, und ich verspreche Ihnen, Sie werden sich am Kopf kratzen und schmunzeln müssen.

Eines der großen Themen, in unzähligen E-Mails, war immer, ob ich nicht ein Buch schreiben könne, in dem ich Interessierten beibringen würde, wie man sein Potenzial steigere, beziehungsweise ein Buch über die Techniken und Methoden, die ich verwende. So hatte ich über die letzten zehn Jahre hinweg immer im Hinterkopf, eines Tages ein solches Werk zu verfassen, das ich selbst auch gerne lesen würde – und nun halten Sie es in Ihren Händen.

Eines meiner Lieblingsbücher ist der Interviewband *Truffaut/ HITCHCOCK* von François Truffaut und Alfred Hitchcock. Nicht nur, dass ich ein großer Fan von Hitchcocks Filmen bin – einige seiner Ideen haben mich als Regisseur meiner eigenen Bühnenprogramme und meiner eigenen TV-Shows geprägt –, sondern es fasziniert mich auch, wie er sein Publikum durch einen Film steuert, wie er Spannung erzeugt und ganz subtile Dinge für diejenigen einbaut, die einen Film mehrmals ansehen und diese Details dann erst entdecken.

Wenn ich ein neues Theaterprogramm oder eine neue Show schreibe/entwickle, zerbreche ich mir monatelang den Kopf, um dann zu entscheiden, wie ich das in meinen Augen beste Ergebnis in den Köpfen meiner Zuschauer erzeugen kann. In manchen Fällen bedeutet dies, dass ich mein Vorgehen (wie zum Beispiel beim Kontakt-Gedankenlesen oder beim blitzartigen Memorieren einer großen Datenmenge), meine Methode(n)/Technik(en) für ein Experiment ganz offen anspreche und so das Publikum Schritt für Schritt mitnehme. In anderen Fällen lasse ich alles offen oder deute eine Methode/Technik nur an, verwende dann aber vielleicht doch eine ganz andere oder einen Mix von Techniken, um somit das ultimative Erlebnis beim Zuschauer zu erreichen. Wie bei einem Maler sollte die Interpretation im Auge des Betrachters liegen, und jeder Einzelne soll für sich etwas ganz Bestimmtes sehen, empfinden und erleben.

Ich nehme die Besucher mit auf eine Reise, daher auch der treffende Name meines aktuellen Theaterprogramms »JOURNEY« – in den Passagen zum »Gedankenlesen« bzw. zum »Lesen einer Person« und in verschiedenen Unterkapiteln zum Thema »Memory« werden Sie übrigens Techniken finden, die ich genau so regelmäßig erfolgreich als Gedankenleser und Mentalist anwende. Vieles, was ich auf der Bühne oder im Fernsehen zeige, ist nichts anderes als eine Mischung aus verschiedenen Techniken, Methoden – und effektvoller Darbietung.

Oftmals hat die Präsentation in einer Show mit einer wirklichen Lebenssituation jedoch nicht so viel zu tun, da sich die Personen auf der Bühne nicht immer gleich verhalten wie im Alltag. Aber das macht nichts: Die Mechanismen, die greifen, sind ähnlich.

Die Bühne ist meine Spielwiese, mein Schachbrett: Ich kontrolliere die Situation und bestimme die Parameter – was ich Ihnen für wichtige Meetings und Verhandlungen auch empfehlen werde: Bestimmen Sie den Ort des Geschehens, wer wo sitzt, das Tempo usw.; je mehr Sie kontrollieren, umso einfacher ist es, sich aufs Wesentliche zu konzentrieren. In vertrauten Umgebungen und Situationen funktionieren wir einfach besser, und wieso sollten wir diesen Vorteil nicht nutzen?

Ein Großteil von dem, was ich da auf der Bühne mache, ist nur für mich und auf die jeweilige Situation ausgelegt; dieses Buch soll entsprechend auch keine Anleitung: »Wie werde ich Mentalist?!« sein, sondern ich habe Strategien, Methoden und Techniken für Sie ausgewählt, mit denen Sie auch in Ihrem Alltag etwas anfangen können; manche sind etwas akademischer (wie zum Beispiel das Memorieren von Namen, Begriffen usw.) und erfordern einen aktiven Einsatzwillen Ihrerseits, andere (wie etwa die Grundregeln der Beeinflussung) können Sie gleich umsetzen und sofort im täglichen Leben anwenden.

Es sind keine Pseudo-Methoden oder glorifizierte Schreibtisch-Ideen, die ich Ihnen präsentiere und selbst gar nicht wirklich verwende, so nach dem Motto: »Hier ist eine Anleitung, wie man es machen könnte – und ich mache dann doch alles anders.« Es gibt schon genügend unnütze Bücher auf dem Markt, und ich möchte weder meine noch Ihre Zeit verschwenden, und natürlich auch kein Papier.

Für mich sind es alles spannende Themen, die ich vor Ihnen ausbreite und die mich teilweise schon mein ganzes Leben lang begleiten und begeistern. Und ich kann Ihnen versprechen, dass Sie mit den Ideen im Buch Ihr Potenzial im beruflichen wie auch im privaten Bereich auf ganz unerwartet neue Art und Weise ausreizen werden.

Mein Ziel ist es, Sie mit diesem Buch zu inspirieren, Ihnen an manchen Stellen auch ein wenig die Augen zu öffnen (Stichwort »Cold Reading«) und Ihnen mentale Werkzeuge an die Hand zu geben, die Sie bitte gleich zum Einsatz bringen mögen.

Es würde mich freuen, wenn ich dieses Ziel tatsächlich erreichen könnte – wenn ja, freue ich mich, von Ihnen zu hören, und wenn nicht, dann geben Sie das Buch doch Ihrem nervigen Nachbarskind, vielleicht wird es Sie dann ja in Zukunft noch positiv überraschen ...

Die Geheimnisse nonverbaler bzw. unbewusster Kommunikation

Sind Gedanken privat ...?

Solange wir unsere Gedanken niemandem mitteilen oder sie in schriftlicher Form festhalten (Notizbücher, neuerdings die Cloud, Hard Drives), sollte man eigentlich davon ausgehen dürfen, dass sie privat sind. Doch sind sie es wirklich?

Einerseits haben viele Menschen Angst oder großen Respekt davor, dass ihre privaten Gedanken oder Geheimnisse nach außen getragen werden, andererseits geht die Mehrheit von uns im Social-Media-Zeitalter bei der digitalen Abspeicherung unserer Gedanken, Ideen und anderer höchst privater Informationen sehr sorglos und freizügig vor. Und es geht hier weder um den Versuch von Geheimdiensten (besonders amerikanischen und britischen), möglichst »alle« und »alles« (E-Mails, SMS, WhatsApp, Telefonate, Browser etc.) zu überwachen und einschlägige Daten abzuspeichern, noch um die erlaubte oder unerlaubte Wut angesichts der Datenstaubsauger Google, Amazon, Microsoft, Facebook usw., um aus unseren Daten und unserem Verhalten Profit zu schlagen, sondern lediglich um die Informationen, die wir selbst bewusst oder unbewusst anderen mitteilen bzw. überlassen. Wenn wir in der Zeitung von nicht gerade cleveren Kriminellen lesen, die sich etwa nach einem Überfall in sozialen Netzwerken mit ihren Taten brüsten oder das Diebesgut stolz auf Facebook präsentieren, müssen wir schmunzeln über so viel Dummheit. Aber die Sache hat eben auch ihre ernste Seite, und wie sorglos private Informationen im Internet geteilt werden, erstaunt mich immer wieder aufs Neue. Obwohl ich selbst durch meinen Beruf sehr in der Öffentlichkeit stehe, versuche ich persönlich doch, mein Privatleben herauszuhalten und Schlagzeilen nur durch mein Talent und meine Fähigkeiten zu machen. Auch wenn dies bedeutet, Interviews in unterschiedlichen Medien, auch im Netz, TV-Sendungen und andere Plattformen nicht oder nur nach genauer Prüfung zu nutzen.

Je nachdem, in welcher Branche Sie arbeiten, sollten auch Sie vorsichtig mit Veröffentlichungen insbesondere im Internet sein; schon viele haben die gewünschte Stelle, auf die sie sich bewarben, beispielsweise wegen kompromittierender Fotos nicht erhalten oder wurden sogar gefeuert, »nur« weil sie einmal etwas Unbedachtes im Internet posteten. Es kommt auch immer wieder vor, dass Personen aufgrund von schlechten oder falsch verstandenen Witzen, die auf Twitter oder anderen Plattformen gepostet werden, unverzüglich entlassen werden oder ihnen die Einreise in ein anderes Land verweigert wird. Besonders vor einem Amerika-Urlaub sollte man sich gut überlegen, was man da genau einstellt. Wenn ich in Amerika Auftritte in einem geschlossenen Rahmen habe, dann ist es am besten, gar nichts darüber zu posten oder es auf meiner Website zu erwähnen. Selbst letztes Jahr, als ich in Las Vegas bei einer öffentlich beworbenen Show dabei war, habe ich den Ball flachgehalten. Trotzdem wurde ich in einem separaten Raum zwanzig Minuten lang befragt, und es wurde überprüft, ob alle meine Angaben zum Auftritt übereinstimmen.

Das Internet vergisst und verzeiht nicht – und nicht zuletzt weil hier der direkte zwischenmenschliche Kontakt vor allem in Form nonverbaler Kommunikation fehlt, gehen Facebook-Posts und Tweets so oft in die Hose. Auch wenn Emojis als Notnagel ein wenig helfen und in einem Chat Konversation in Echtzeit betrieben wird, geht letztlich doch einfach zu viel verloren durch den Wegfall wichtiger Komponenten nonverbaler Kommunikation.

Doch noch einmal zurück zu »Big Data«: Google, der größte Gedankenleser aller Zeiten? Manchmal wirkt es fast so. Dies soll uns hier aber nicht kümmern. Wir wollen uns das Phänomen im direkten zwischenmenschlichen Kontakt genauer anschauen. Auf jeden Fall leben wir aber in einem spannenden Zeitalter ...

Wie sieht es also mit echtem Gedankenlesen ohne jegliche Vorabinformationen oder sonstigen Hilfsmittel aus? Von Angesicht zu Angesicht sozusagen oder auch, noch verrückter, über eine große Distanz hinweg (Remote Viewing). Ich kann Sie beruhigen oder enttäuschen – je nachdem, welchen Standpunkt Sie einnehmen: Nach heutigem Wissensstand gibt es absolut keine Möglichkeiten, dass irgendjemand oder irgendetwas im wahrsten Sinne unsere Gedanken lesen oder erleben kann. Niemand kann sich – zum Glück für alle Beteiligten – in Ihr Gehirn einloggen und Ihre Gedanken anzapfen. Auch kein »Gedankenleser« oder Mentalist, und am allerwenigsten die Hellseher/Kartenleger im Fernsehen.

Wir alle können wohl in gewissen Lebenssituationen einzelne Gedanken unserer Mitmenschen dank einer Mischung aus Beobachtungsgabe und Erfahrungswerten »lesen«, aber in den meisten Fällen ergibt sich so etwas automatisch, und es ist beileibe nicht so, dass Sie zu sich sagen: »Genau in diesem Moment möchte ich wissen, was mein Gegenüber denkt.«

Aber wie entsteht überhaupt ein Gedanke? Gedanken sind elektrochemische Reaktionen: Das menschliche Gehirn besteht, je nachdem, ob man regelmäßig Alkohol trinkt (auch schon kleine Mengen von Hochprozentigem können unserem Hirn schaden), etwa aus 86 bis hundert Milliarden Nervenzellen (Neuronen), die durch etwa hundert Billionen Schaltstellen (Synapsen) miteinander verbunden sind. Ein Neuron ist also mit tausend anderen Neuronen verbunden. Real sieht diese »Verdrahtung« sehr unterschiedlich aus. Im Durchschnitt sendet jede Verbindung ein Signal pro Sekunde; spezialisierte Verbindungen können aber bis zu tausend Signale pro Sekunde senden – und so entstehen Gedanken. Es ist demnach sehr schwer, einen Gedanken von Anfang bis Ende zu lokalisieren.

Gedanken werden von äußeren Stimuli ausgelöst, die über die Rezeptoren Augen, Haut, Ohr etc. erfasst werden, oder via Erinnerungen. Wir haben unbewusste/»passive« und aktive Gedanken.

Sie fragen sich nun sicher, was dies alles mit dem Gedankenlesen zu tun hat. Noch etwas Geduld, bitte, wir sind gleich am Ziel. Also: Die Gedanken werden durch äußere Stimuli angeregt und diese dann wiederum in irgendeiner Form bewusst oder unbewusst nach außen getragen oder »widergespiegelt«. Mit anderen Worten und einfach ausgedrückt: Wenn man diese Informationen lesen (beobachten) und richtig deuten kann, dann kann man (einzelne) Gedanken lesen!

Zuerst muss man also das ständige Erkennen und Sammeln von Informationen (Körpersprache und Verhalten) seines Gegenübers bewerkstelligen, und dann müssen diese Informationen richtig verarbeitet und interpretiert werden. Dass vieles davon vage ist und man immer nur von Tendenzen und Wahrscheinlichkeiten sprechen kann, macht das Gedankenlesen so schwierig, aber auch so spannend. Trotz dieser Herausforderung ist es möglich, mit der richtigen Mischung aus Technik, einschlägigen Methoden und Erfahrungen einzelne Gedanken mit hoher Wahrscheinlichkeit richtig zu lesen bzw. zu erkennen. Ich nenne das Ganze auch: »professionelles Raten«.

Sherlock Holmes:
Das Geheimnis um ...

Bei Interviews werde ich immer wieder gefragt, wie das denn alles mit meinen Fähigkeiten begonnen habe. Ob es Schlüsselerlebnisse gegeben habe, ob ich »so« geboren sei, ob das jeder lernen könne und ob ich überhaupt einmal abzuschalten vermöge oder mein Gegenüber ständig läse? Ob ich Menschen um mich herum automatisch manipulierte und meine Fähigkeiten auch im Privaten regelmäßig einsetzte? Und wie das für mein Umfeld sei? Nicht zu vergessen die überaus originelle Frage: »Sie wissen ja schon, wie meine erste/nächste Frage lauten wird, also muss ich sie gar nicht mehr stellen, oder?«

Ein kurzes Augenrollen von mir genügt, und schnell wird dann nachgeschoben. »Oh, ich bin sicher nicht der (die) Erste mit dieser Frage. Richtig? Aber könnten Sie mir bitte die Lottozahlen voraussagen?« Mmm ... Je nachdem, wer mich fragt und wie gefragt wird, gebe ich nicht immer die gleiche Antwort auf diese immer gleichen Fragen. Einerseits möchte ich nicht einfach Wort für Wort stets genau das Gleiche erzählen, um nicht in einen Trott zu verfallen, und andererseits gibt es auf manche Frage auch nicht eine glasklare und immer gültige Antwort. Die meisten Fragen kommen ja nicht von ungefähr und geben mir schon wichtige Hinweise zum Fragenden.

Ich werde, über das ganze Buch verteilt, diese und noch viel mehr Fragen übrigens beantworten. Aber zuerst einmal: Wie wurde ich denn nun Gedankenleser oder Mentalist? Die Wahrheit ist: Es gab nicht einfach nur ein Schlüsselerlebnis oder einen gradlinigen Prozess, sondern es kamen zahlreiche verschiedene Puzzleteile zusammen – manche bewusst, andere unbewusst und zufällig –, bis alles schließlich zusammenpasste. So vieles ergibt heute einen Sinn, und die Zahnräder greifen meist perfekt ineinander, wie bei einem Schweizer Uhrwerk, doch bis es so weit war, gab es viele parallele Welten/Interessen, die auf den ersten Blick nichts mit meiner heutigen Kunst zu tun haben. Am Ende habe ich denn auch fast alles auf einen gemeinsamen Nenner gebracht und versuche nun, aus allem einen Nutzen zu ziehen.

Ich bin der Jüngste von drei Kindern. Meine Schwester Gudula ist fünf Jahre und mein Bruder Gereon zwei Jahre älter als ich, und wenn meine Großmutter väterlicherseits zu Besuch war und uns aus einem Buch vorlas, bekam ich somit automatisch schon das »Programm« für ältere Kinder mitgeliefert.

Am meisten hatten es mir damals Detektivgeschichten angetan. Anfangs ging es los mit den ganzen Enid-Blyton-Serien (*Geheimnis um …*, *Die schwarze 7*), dann kamen *Die drei ???*, *Kalle Blomquist …* und später verschiedene Agatha-Christie-Bücher – und natürlich Sir Arthur Conan Doyles Sherlock Holmes. Ich war ein sehr bewegungsfreudiges Kind und verbrachte viel Zeit im Freien und mit Sport, aber zu Hause habe ich sehr viel gelesen, manchmal auch nächtelang, mit einer Taschenlampe ausgerüstet, unter der Decke, um nicht aufzufallen. Mein erster Berufswunsch stand daher schon früh fest: Ich wollte Detektiv werden, am besten so wie eben Sherlock Holmes. Selbst später gab es noch Momente, als ich eigentlich Kriminologie studieren wollte …

Da unser Haus keinen Fernsehanschluss besaß, hatten wir, bis ich 16 Jahre alt war, kein TV, aber mein Großvater mütterlicherseits kaufte sich einen der ersten Video-2000-Rekorder von Grundig und nahm für uns immer alle Filmklassiker auf, die dann in den Ferien eifrig geschaut wurden. So entstand später die Liebe zu Hitchcock-Filmen und zur Schauspielerei. Angespornt von den ganzen

Geschichten in den Romanen und Filmen, betätigte ich mich detektivisch mit dem Aufspüren von Rätseln und Geheimnissen.

Wenn meine Eltern zum Beispiel die Schlüssel verlegt hatten, wusste ich schon bald, wo sie waren. Es entstand eine Faszination für Beobachtungen, deduktives Denken und Intuition, gepaart mit einem ausgeprägten visuellen Erinnerungsvermögen. Als Kind habe ich dies immer wieder geübt, bis ich so gut wurde, dass ich es locker auch bei anderen Personen anwenden konnte, indem ich mich in sie hineinversetzt und mir überlegt habe, wie sie ticken und welche Handlungen sie wohl davor schon vornahmen. Ganz im Sinne von Sherlock Holmes.

Dank meiner Eltern habe ich eine gute Mischung von Eigenschaften erhalten: mein Vater ein sehr rational und logisch denkender Mensch (Naturwissenschaftler), der eher alles hinterfragt und Probleme sieht, bevor sie tatsächlich vorhanden sind; und meine Mutter eine kreative, humorvolle und optimistische Frohnatur, die meist alles sehr gelassen nimmt. Da beide auch noch kulturliebende Menschen sind, bekam ich zudem früh Zugang zur Musik, zum Theater, zur Kunst ...

All dies, zusammen mit meiner Neugier und meinem inneren Antrieb, brachte mich auf meinen heutigen Weg, und im Alter von zwölf Jahren war mir dann schon klar, dass ich meine Liebe, meine Berufung zum Beruf machen würde, obwohl es so etwas in meinem persönlichen Umfeld bisher nicht gegeben hatte. Natürlich bin ich ab und zu vom Weg abgekommen, aber grundsätzlich folgte ich von da an immer meinem inneren Kompass, meiner Vision.

Einmal abgesehen von einer sehr kurzen Zeit, in der ich als Ausgleich einen Teilzeitjob in einem Restaurant hatte, ein fünfmonatiges Engagement als Tänzer auf einem Kreuzfahrtschiff annahm und einen dreimonatigen Teilzeitjob als Croupier ausübte (dazu später mehr), war ich immer mein eigener Chef. Es ist sehr befreiend und befriedigend, wenn man seine Leidenschaft zum Beruf machen kann, aber dafür kann ich kaum abschalten – alles, was ich erlebe, wird in meinem Kopf sofort verarbeitet und fließt auf die eine oder andere Art in meine Kunst ein.

Deduktion | Abduktion + Intuition

Im Sommer 1994 habe ich beim Pflasterspektakel Linz, dem internationalen Straßenkunstfestival in Oberösterreich, drei Tage lang nonstop auf der Straße performt und mir so meine erste Reise nach Japan finanziert. In Japan war ich eine Woche als Künstler und dann noch zwei Wochen als Tourist unterwegs. Ich habe mich gleich in Land, Leute und besonders das Essen verliebt, und da damals auf der Straße und in Restaurants, die nicht in der Nähe der Touristen-Hotspots lagen, beinahe niemand Englisch sprach oder verstehen konnte, musste ich mich mit einer Mischung aus nonverbaler Kommunikation und ganz wenigen Wörtern und Phrasen, die ich mir auf dem Hinflug noch schnell angeeignet hatte, durchschlagen. Obwohl die japanische Kultur so verschieden von der unseren ist, hatte ich überraschenderweise keine größeren Probleme, mich zu verständigen, und mir wurde zum ersten Mal bewusst, dass es mehr eine Frage des Wollens und der Neugier ist zu kommunizieren als davon abhängig, wie viele Wörter man wirklich verwenden und verstehen kann.

Ein, zwei Formulierungen reichten aus, um das Eis zu brechen, und von da an ging es mehrheitlich nonverbal weiter. Eine tolle Erfahrung – besonders dann, wenn man alleine unterwegs ist und einfach offen auf die Mitmenschen zugeht, erlebt und lernt man so vieles. Heutzutage kommt man zwar fast überall mit Englisch durch, aber man wird dadurch auch etwas bequem und verliert das Abenteuer aus den Augen. Testen Sie doch mal bei Ihrem nächsten Auslandsurlaub aus, wie weit Sie es ohne eine gemeinsame Sprache schaffen.

Eine tolle Übung ist es, sich ausländische TV-Programme oder Filme anzusehen und zu versuchen, die Grundidee oder die Dialoge zwischen den Protagonisten wenigstens grob zu verstehen. Stellen Sie dabei zuerst einmal den Ton ab, und konzentrieren Sie sich nur auf die Körpersprache aller Beteiligten. Wichtig ist dabei das Zusammenspiel zwischen dem, der »redet«, und seinem Gegenüber, das in jeweils bestimmter Art und Weise darauf reagiert, abzulesen etwa an der Mimik. Versuchen Sie auszumachen, ob und wie sich beispielsweise eine Statusveränderung im Laufe eines Gesprächs bemerkbar macht. Es ist ja nicht so, dass immer durchgängig der Gleiche die Situation dominiert, manchmal ändert sich dies blitzschnell.

Wenn Sie dabei etwas Übung haben, werden Sie feststellen, dass Sie ziemlich schnell verstehen können, um was es geht. Nach den ersten Erfahrungen können Sie den Ton dann wieder leise dazunehmen, aber ignorieren Sie dabei die Sprache – bei einer absolut fremden Sprache brächte Ihnen das sowieso nichts –, und konzentrieren Sie sich auf die Stimmlage, die Betonung und den Rhythmus; dies, gepaart mit der Körpersprache, wird Ihnen ein noch besseres »Bild« liefern.

Testen Sie Ihre Fähigkeiten, indem Sie einen ausländischen Film, den Sie noch nicht kennen, in der Originalsprache und ohne Untertitel ansehen. Versuchen Sie möglichst viele Zusammenhänge zu verstehen. Dann sehen Sie sich den Film ein zweites Mal an, diesmal mit Untertiteln oder in einer synchronisierten Fassung. Wenn Sie jemanden kennen, der eine Sprache spricht, die Sie nicht verstehen, dann sehen Sie sich mit ihm eine TV-Sendung in seiner Sprache an und erzählen Sie ihm danach, was Sie alles »verstanden« haben. Natürlich können Sie sich auch deutsche Sendungen ohne Ton ansehen und dabei versuchen, möglichst viel zu »verstehen«. Aufgrund Ihrer

Erfahrungen und Ihres Vorwissens sollten Sie bei deutschspra-
chigen Sendungen natürlich schon viel genauer erfassen können, was gerade vor sich geht ...

Auf dem Rückweg von Japan verbrachte ich dann einige Tage in
Hongkong, um diese einzigartige Stadt noch als britische Kronkolo-
nie zu erleben, bevor sie an die Volksrepublik China zurückgegeben
wurde, und natürlich auch, um etwas zu shoppen: Ich gönnte mir
meinen ersten maßgeschneiderten Anzug!

Meine letzte Station in Japan war Kyoto, und ich wurde von
einem ruhigen, sehr höflichen und zurückhaltenden Umfeld in die
sehr laute, hektische und raue Umgebung von Hongkong geschleu-
dert. Ich hatte im Vorfeld keine Unterkunft gebucht und begab mich
einfach mal so nach Kowloon, um mir dort vor Ort – aufgrund einer Flugverspätung war es schon spätabends – eine Bleibe zu suchen. Schließlich verbrachte ich die ersten beiden Nächte in einem
winzigen Gästezimmer im Chungking Mansions, bekannt aus dem
hervorragenden Wong-Kar-Wai-Film *Chungking Express*, der unter
anderem in diesem Gebäude spielt und zufälligerweise einen Monat
vor meiner Ankunft im Kino anlief.

Von der sehr homogenen japanischen Gesellschaft platzte ich
hinein in einen Gebäudekomplex, der nicht vielschichtiger hätte
sein können. Die unterschiedlichen Vibes, die dieses Hochhaus und
seine Bewohner ausstrahlten, kann man schwer beschreiben: Man
muss es selbst erlebt haben. Restaurants, Geschäfte, winzige Zimmer für Rucksacktouristen, Bewohner aus über hundert Nationen,
die dort legal und illegal lebten, Produktionsstätten für kopierte
Markenartikel, Prostituierte, Drogenhandel, viertausend Bewohner in einem 17-stöckigen Wohnkomplex, wie in einem gigantischen
Hühnerstall zusammengepfercht ... Das *TIME Magazine* bezeichne-

te das Chungking Mansions damals als Paradebeispiel für die Globalisierung (»Best Example of Globalization in Action«).

Die meisten Touristen haben davon sicher nichts mitbekommen, da man per Lift direkt zu den Stockwerken mit den günstigen Zimmern gelangen konnte. Doch von Neugier gepackt, nahm ich immer den Weg nach unten über die zahlreichen Treppen, die sich kreuz und quer durch das unübersichtliche und labyrinthartige Gebäude schlängelten. Einmal musste ich sogar über ein loses Brett zwischen zwei Fenstern balancieren, um von einem Gebäudeteil in einen anderen zu gelangen, weil gerade etwas umgebaut wurde.

Obwohl in diesem Mikrokosmos die meisten Menschen einigermaßen leidlich Englisch sprechen und verstehen konnten, war es viel, viel schwerer, sich zu verständigen, als in Japan, auf dem Lande, ohne gemeinsame Sprache. Selbst wenn man eine direkte Frage stellte, wurde man in den wenigsten Fällen überhaupt angesehen, es war kein Wille da zu kommunizieren, keine Lust auf Neues – es existierten ganz viele Parallelwelten, die nur durch eine Gemeinsamkeit miteinander verbunden waren: den Wunsch, das schnelle Geld zu machen und irgendwie zu überleben, weshalb jeder ganz auf sich selbst konzentriert war. Wenn ich heutzutage Menschen sehe, die gemeinsam beim Essen an einem Tisch sitzen, dabei aber ihre Hände und Blicke nicht von ihrem Smartphone wegbekommen, dann muss ich immer an meine Erlebnisse im Chungking Mansions denken. Kein Wunder, wenn infolgedessen die Fähigkeiten, von Angesicht zu Angesicht zu kommunizieren, verkümmern.

Meine Reise durch Japan und die Tage in Hongkong waren ein unglaubliches Erlebnis für mich, das mich in vielerlei Hinsicht geprägt, bereichert und weitergebracht hat. Durch die enormen

Unterschiede in Kultur und Lebensweise liegt es auf der Hand, dass die Gestik und die allgemeine Körpersprache in den verschiedenen Regionen stark variieren – aber mir ist damals auch aufgefallen und zum ersten Mal bewusst geworden, dass die Emotionen im Gesicht in der gleichen Weise ausgedrückt werden wie bei uns!

Zum Zeitpunkt der Reise hatte ich schon länger großes Interesse am Erkennen und Deuten der Körpersprache meines Gegenübers, aber erst durch die Bücher und wissenschaftlichen Artikel von Dr. Paul Ekman und Dr. David Matsumoto habe ich mich intensiv damit beschäftigt, die Unterschiede zwischen der kulturell und individuell antrainierten nonverbalen Kommunikation (Gestik, Körpersprache, Gesichtsausdrücke, das Zeigen von Emotionen) und der angeborenen und universellen nonverbalen Kommunikation zu entdecken. Doch bevor wir dazu kommen, möchte ich noch ein anderes prägendes Erlebnis aus den Tagen in Hongkong mit Ihnen teilen.

Nach einer kurzen Nacht im Chungking Mansions begab ich mich auf eine Entdeckungsreise durch die Stadt und besuchte unter anderem auch das Planet-Hollywood-Restaurant. Als Jugendlicher war ich ein großer Bruce-Lee-Fan; ich hatte alle seine Bücher gelesen und natürlich auch alle seine Filme mehrfach gesehen, und ich wusste, dass im Planet Hollywood einige originale Bruce-Lee-Filmmemorabilien hingen.

Am Eingang fragte mich der Türsteher, ein kräftiger Afroamerikaner, freundlich, ob ich zum Essen gekommen sei oder nur an die Bar wolle. Da es noch Vormittag war, erkundigte ich mich, ob es okay sei, mich einfach nur umzusehen und die Ausstellungsstücke zu betrachten. Er funkte kurz mit der Hostess am Restaurant-Eingang und ließ mich dann eintreten. Es ging steil die Treppe hinauf, vorbei an den Handabdrücken von Jackie Chan und anderen Stars, und hinein ins Restaurant, in dem unter anderem Kostüme, ein Nunchaku, die bekannte fernöstliche Schlagwaffe, und die »Todeskralle« aus dem Bruce-Lee-Film *Enter the Dragon* ausgestellt waren.

Nach einem kleinen Rundgang und zwei, drei Erinnerungsfotos verließ ich kurz darauf das Planet Hollywood wieder.

Am dritten Tag wechselte ich dann die Unterkunft und hauste fortan in einer Art Jugendherberge mit Mehrbettzimmern. Kurioserweise stießen abends noch zwei deutsche Rucksacktouristen aus Dinslaken, meinem Geburtsort, dazu, die sogar zwei meiner Cousins flüchtig von der Schule her kannten. Klein ist die Welt! Wir machten noch einen späten Spaziergang, um Fotos von der Skyline zu schießen, und gingen anschließend noch auf einen Schlummertrunk ins Planet Hollywood. Kaum saßen wir an der Bar, begrüßte mich die blonde Barkeeperin ganz selbstverständlich mit einem starken amerikanischen Akzent: »Hey, Tobias, what would you like to drink?«

Die verwunderten Jungs fragten, ob ich hier schon Stammkunde sei, und ich wunderte mich umso mehr, da ich diese Frau noch nie in meinem Leben getroffen hatte und sie mich doch mit meinem Namen begrüßte, als ob ich ein alter Bekannter sei. Ich war geflasht – aber nicht davon überzeugt, dass die Frau Gedanken lesen konnte – und suchte nach einer Erklärung. Die Barkeeperin behauptete zwar verschmitzt, dass sie hellseherische Fähigkeiten besitze, aber das war eher als Witz gemeint.

Als ich dann so an meinem Lagerbier nuckelte, ratterte es in meinem Oberstübchen und mein deduktives Denken setzte ein: Wie konnte das sein? Die Barkeeperin hatte mich noch nie vorher gesehen, auch nicht bei meinem Rundgang durchs Restaurant. Die Jungs, an deren Namen ich mich heute nicht mehr erinnern kann, hatten weder meinen Namen laut ausgesprochen, noch hatten sie eine Möglichkeit gehabt, der Barkeeperin meinen Namen auf andere Art mitzuteilen ...

Was denken Sie, wie konnte die Barkeeperin meinen Namen wissen? Haben Sie eine Ahnung?

Mir dämmerte es nach dem zweiten oder dritten Schluck Bier. Bei meinem ersten Besuch hatte der Türsteher mich bei der Begrüßung nach meinem Namen gefragt; das war das einzige Mal gewesen, denn beim zweiten Besuch sprach der Türsteher gerade mit anderen Gästen, und als wir an ihm vorbeigingen, hatte er uns nur kurz zugenickt.

Meines Erachtens hatte er sich erstaunlicherweise an meinen Namen erinnert, und als wir uns zur Bar hinbewegten, der Barkeeperin meinen Namen via Funk durchgegeben. Wie auch immer. Ich kann dies nicht mit hundertprozentiger Sicherheit behaupten, da ich beim Türsteher nie nachgefragt habe: Ich wollte das »Mysteriosum« nicht zerstören und ließ es einfach so stehen und auf mich einwirken. Sicher war, dass ich mich geschmeichelt fühlte und tief beeindruckt war von diesem für einen Kunden schönen Erlebnis. Heutzutage geben sich ja leider die meisten schon damit zufrieden, dass ein Kellner die Bestellung nicht vergisst und die richtige Rechnung bringt.

Wie Sie sich Namen übrigens leicht merken können, und wie wertvoll es ist, sich diese Kunst anzueignen, lernen Sie in einem späteren Kapitel.

Kleiner Tipp am Rande: Wenn Sie in einer neuen Stadt oder an einem unbekannten Ort sind und kein festes Programm haben, dann machen Sie doch mal Folgendes: Gehen Sie frühstücken, und fragen Sie dort einen Einheimischen, welches sein Lieblingsort oder Lieblingsgeschäft ist. Nachdem Sie diesen Ort gefunden und besucht haben, fragen Sie dort vor Ort den nächsten Einheimischen nach seinem Lieblingsmuseum, -restaurant, -kino ... So lernen Sie die Stadt und die Menschen auf eine ganz andere Art und Weise kennen.

Gedankenlesen oder die
Kunst des Beobachtens

Wenn Sie gerade eine Armbanduhr tragen, dann verdecken Sie Ihre Uhr mit der Hand, und versuchen Sie, das Zifferblatt der Uhr, ohne dabei auf diese zu schauen, ganz genau zu beschreiben. Sind auf dem Zifferblatt römische oder arabische Zahlen? Sind überhaupt Zahlen darauf? Wenn Sie keine Armbanduhr tragen, können Sie diese Übung auch mit einer Wanduhr oder einem analogen Wecker machen. Wie oft schauen wir Dinge täglich an – und die meisten von uns haben große Schwierigkeiten, diese Gegenstände genau zu beschreiben.

Wie sieht der Tachometer Ihres Autos aus? Kennen Sie die Augenfarben Ihrer engsten Freunde und Verwandten? Schließen Sie die Augen, und beschreiben Sie die Umgebung, in der Sie sich gerade befinden, möglichst genau. Begeben Sie sich in einen andern Raum, und lassen Sie Ihren Blick einmal durch den ganzen Raum schweifen. Schließen Sie dann die Augen. Können Sie aufzählen, was in diesem Raum alles rot, blau etc. ist?

Bei meiner Arbeit als Mentalist ist es sehr wichtig, auf die kleinsten Dinge zu achten und möglichst viel wahrzunehmen. Unser Hirn filtert alle alltäglichen und »uninteressanten« Informationen aus, daher ist es schwer, sich an diese Dinge zu erinnern. Deshalb wissen Sie manchmal auch nicht, ob Sie die Haustür oder das Auto auch wirklich abgeschlossen haben. Wenn wir aber unsere Beobachtungsgabe trainieren, geben wir dem Ganzen wieder eine Bedeutung, und wir erinnern uns leichter an diese alltäglichen Informationen (mehr dazu im Kapitel »Memory«). Es ist schon erstaunlich, wie schlecht unsere Auffassungsgabe ist, wenn wir nicht wissen, worauf wir uns konzentrieren sollen. Nicht nur mit Blick auf Details, sondern auch bei sehr offensichtlichen Veränderungen: der Ehemann etwa, der nicht bemerkt, dass seine Frau beim Frisör war und einen ganz anderen Haarschnitt trägt oder die Haare tönen ließ. Man nennt dieses Phänomen »Veränderungsblindheit«.

Das Gehirn muss ständig selektieren, und wenn etwas (ein Objekt, eine Person usw.) gerade nicht die volle Aufmerksamkeit bekommt, dann geht das unter.

Erst wenn sich die Aufmerksamkeit einem Reiz zuwendet, wird etwas bewusst wahrgenommen. Die Ausrichtung der Aufmerksamkeit beeinflusst die Aktivität gewisser Gehirnstrukturen. Einer der bekanntesten Versuche zur »Veränderungsblindheit« wurde von Daniel Simons und Christopher Chabris in ihrem Buch *The Invisible Gorilla* beschrieben. Simons' und Chabris' Studie zeigt, dass die meisten Menschen nicht einmal vorbeigehende Menschen in einem Gorillakostüm bemerken, solange sie sich auf eine Aufgabe konzentrieren.

Es gibt verschiedene Umsetzungen des Experiments. In einer Version sieht man zwei Teams mit je drei Spielern, ein Team trägt weiße T-Shirts, das andere schwarze. Beide Teams werfen sich untereinander je einen Basketball zu, und der Betrachter des Videos soll genau zählen, wie oft sich das weiße Team den Basketball hin- und herwirft. Während die Spieler beider Teams sich durcheinanderbewegen und sich die Bälle zuwerfen, kommt dann nach einigen Sekunden ein Mensch im Gorillakostüm ins Bild. Der »Gorilla« läuft von der einen Seite zur anderen und bleibt sogar in der Mitte stehen – schaut direkt in die Kamera, trommelt auf seine Brust und läuft anschließend weiter. Es gibt sogar Versionen, wo der Gorilla beim Team in den schwarzen T-Shirts kurz mitspielt und dann, genau in der Bildmitte, auch noch eine Banane isst. Dennoch bemerken ihn die wenigsten Betrachter des Videos. Sie konzentrieren sich voll auf den Ball des weißen Teams und bekommen alles andere nicht mit.

Wenn es nachher darum geht, jemandes Körpersprache zu lesen, dann reicht es natürlich nicht aus, nur zu wissen, was die Bedeutung eines Signals ausmacht, sondern man muss es natürlich zuerst einmal bemerken, bevor man es entschlüsseln kann. Mit anderen Worten: Wenn die meisten Menschen schon einen Gorilla nicht sehen können, ist es nicht verwunderlich, dass sie keine Chance haben, all die nonverbalen Signale ihrer Mitmenschen mitzubekommen.

Körpersprache ist nicht
gleich Körpersprache

Neben meiner Liebe für Beobachtung und deduktives Denken fing ich schon früh als Teenager an, mich intensiver für Körpersprache und nonverbale Kommunikation zu interessieren. Dabei verfolgte ich zwei verschiedene Ansätze: einerseits das Lesen und Deuten von Körpersprache und andererseits das bewusste Benutzen von Körpersprache als Schauspieler/Tänzer/Pantomime oder auch als Mittel, um das Publikum oder mein Gegenüber unbewusst zu lenken bzw. zu beeinflussen.

Meine ersten theoretischen Erfahrungen habe ich mit diversen Büchern von Samy Molcho gesammelt. Er war auch mit ein Grund, wieso ich eigentlich Schauspiel am Max-Reinhardt-Seminar in Wien studieren wollte – es kam dann aber anders, weil ich mich gegen ein reines Schauspielstudium entschied, um mehr Tanz-plus-Bewegungsunterricht und weniger Rollen- und Repertoirestudium zu haben.

Die ersten Samen allerdings wurden bei mir schon als kleiner Knirps im Zirkus Knie (Schweizer National-Circus) gesät. Jedes Jahr im Mai, wenn der Zirkus Knie in Zürich haltmachte, gingen wir mit der ganzen Familie zur Vorstellung, und ich war immer ganz fasziniert von der Atmosphäre, den Tieren, den Artisten. Am meisten berührt und geprägt hat mich jedoch Dimitri, der Clown. Die üblichen »Blödel«-Clowns fand ich als Kind manchmal auch okay, aber immer nur für einen kurzen Moment und für einen Lacher; es blieb jedoch nichts davon hängen.

Ein Dimitri aber oder später auch ein David Shiner und ein Peter Shub haben die Lust nach mehr in mir geweckt, etwas bewegt. Wie sie ohne Worte und oftmals mit »nichts« so viel kommunizieren und Emotionen wecken können, das ist fantastisch. Neben ihrer enormen Körperbeherrschung müssen sie extrem gute Beobachter sein, um all die Details aufzunehmen und ihre Geschichten auf das Minimum – die Essenz – reduzieren zu können.

Auf der anderen Seite gibt es die guten amerikanischen Stand-up-Comedians wie Eddie Murphy oder David Chappelle, die nur mit Worten riesige Zuschauermassen auf geniale Art zu unterhalten wissen.

Ich selbst wollte zwar weder Pantomime noch Comedian werden, aber das Minimalistische dieser Kunstformen hat mir besonders imponiert: Es geht nur um die Kommunikation zwischen dem Publikum und dem Künstler. Keine Lichteffekte, Requisiten und anderer Firlefanz – alles auf ein Minimum reduziert, aber mit einer umso größeren Wirkung!

So sehe ich auch meine Shows, mit jedem neuen Programm möchte ich puristischer werden. Auch ein Grund dafür, warum ich auf der Bühne immer ganz in Schwarz gekleidet bin. Nichts soll ablenken, nur das Gesicht und die Hände, mit denen ich sehr viel kommuniziere, müssen besonders herausgehoben werden.

Ich persönlich teile die Körpersprache in dreieinhalb Teilgebiete auf:

1. (a) Körpersprache als Ganzes: Hier wird der gesamte Körper betrachtet. Der Gang, die Körperhaltung, also das, was man klassischerweise unter Körpersprache versteht und was Pantomimen und Clowns so vorzüglich durch Übertreibung zur Darstellung bringen. Diese »Grundkörpersprache« können wir alle recht gut lesen. Dabei geht es eher um eine grobe Unterscheidung: Ist die Person mir gegenüber freundlich gestimmt oder nicht? Ist sie heute gut gelaunt oder müde?

Dazu gehört aber auch das allgemeine körperliche Erscheinungsbild: sportlich oder unsportlich, stark oder gebrechlich, über oder untergewichtig ...

Wenn man Körpersprache so betrachtet, dann sagt sie eher etwas über den Charakter, die Laune des Tages, die körperliche Verfassung und die Angewohnheiten aus, aber nicht unbedingt etwas darüber, was eine Person genau in dieser Sekunde denkt oder fühlt.

Dieser Ansatz liefert also nur eine grobe und oft auch offensichtliche Information: Ist jemand selbstbewusst, verängstigt, ist jemand nervös oder ist ihm kalt ... Die Wechsel zwischen den einzelnen Körperhaltungen sind einfach zu beobachten, doch muss man natürlich auch die gesendeten Signale richtig deuten können.

1. (b) Gestik: Die Gestik ist bei jedem Menschen sehr individuell und hängt auch stark von der Kultur ab. Ein bestimmtes Handzeichen in einem Kulturraum kann etwas davon ganz Verschiedenes in einem anderen bedeuten. Im Buch *Bodytalk* von Desmond Morris findet man eine gute Auflistung von Handsignalen und ihrer Bedeutung, deren Ursprung und in welchen Ländern sie verwendet werden. Selbst die Gebärdensprache ist unpraktischerweise nicht einmal weltweit einheitlich ...

2. Mimik: An der Mimik kann man mit Abstand am meisten ablesen, aber es ist auch der Bereich, den wir am meisten zu kontrollieren versuchen. Daher müssen wir lernen, die sozusagen gefakten Emotionen und Gesichtsausdrücke herauszufiltern, um das »wahre Gesicht« zu erkennen. Unser Gesicht ist, je nach Bezeichnungen und Definition, mit 43 verschiedenen Muskeln bestückt, mit denen wir bis zu zehntausend verschiedene Gesichtsausdrücke erzeugen können. Viele von diesen sind auch antrainierte und kulturell bedingte

Gesichtsausdrücke, die aus Höflichkeit oder aus sozialen und beruflichen Gründen meist eine »maskierende« und damit etwas unechte Funktion haben: die zur Schau gestellte Freude über ein Geschenk, das man nicht wirklich haben will; das gequälte Lächeln eines Verlierers oder eine heuchlerische Reaktion dem Chef gegenüber.

Wie können wir nun aber bei all diesen vielen Variationen und den vielen unechten Gesichtsausdrücken überhaupt eine halbwegs verlässliche Schlussfolgerung ziehen? Die gute Nachricht lautet, dass wir alle nur eine Handvoll verschiedener Grundemotionen besitzen und die unmittelbare Reaktion auf einen äußeren Reiz (eine Frage, etwas, das wir sehen, spüren, schmecken ...) nicht kontrollieren können.

Diese sogenannten Mikro-Expressionen sind unbewusste und ganz schnell erfolgende muskuläre Reaktionen, die durch einen Reiz ausgelöst werden. Das Tolle daran ist, dass diese Mikro-Expressionen ehrlich und nicht manipuliert sind, aber sie ergeben sich so schnell, dass beinahe alle Menschen, kein spezielles Training vorausgesetzt, diese »verpassen« und nicht deuten können. Daher ist es ein so großer Vorteil, bei TV-Duellen zwischen Politikern oder bei Zeugenaussagen das Bildmaterial ganz genau und manchmal auch Bild für Bild anschauen zu können, um Falschaussagen und andere Täuschungsmanöver zu erkennen.

3. Physiognomik/Phrenologie: Bei der Physiognomik wird behauptet, dass man an der äußeren Erscheinung und besonders den Gesichtsmerkmalen und Gesichtszügen den Charakter, die Eigenschaften und die Fähigkeiten eines Menschen erkennen und ablesen kann.

Die Physiognomik (oftmals auch als Kunst des »Gesichterlesens« bezeichnet) ist wie die Phrenologie, das »Charakterdeuten aufgrund des Schädels«, eine klassische Pseudowissenschaft und liefert nicht einmal ansatzweise irgendwelche Beweise oder brauchbare Resultate. Natürlich beeinflusst unsere Erscheinung uns und unsere Umwelt enorm, aber ob Sie ein kleines oder größeres, ein angewachsenes oder freies Ohrläppchen besitzen, sagt letztlich rein gar nichts über Ihren Charakter aus.

Unser äußeres Erscheinungsbild wird ständig von anderen und uns selbst beurteilt; dass dieses also einen gewissen Einfluss auf unser Verhalten und unseren Charakter hat, ist klar, aber es handelt sich dabei mehr um eine sich selbst erfüllende Prophezeiung und Autosuggestionen. Wenn Sie nun in einem anderen Land, in einer anderen Kultur aufgewachsen wären, dann hätten Sie sich zwar nicht genau gleich entwickelt, aber Ihr Ohrläppchen wäre immer noch gleich geformt.

Die Physiognomik und die Phrenologie waren in der Moderne lange verpönt, da damit unter anderem auch von den Nazis ein pseudowissenschaftlicher Rassismus betrieben wurde, aber in den letzten Jahren kam vor allem das »Gesichterlesen« wieder zu neuen Ehren.

Als seichte Unterhaltung – so wie ein Tageshoroskop in einer Tageszeitung, das man nicht ernst nimmt – kann es sicher lustig sein, sich dahingehend zu betätigen, aber wenn so etwas dann bei Firmen im Zuge der Jobbesetzung herangezogen wird, dann haben wir ein Problem.

Was uns das Gesicht
alles verrät

Wenn wir uns mit dem Auto durch den Straßendschungel einer Großstadt kämpfen, helfen uns die vielen Straßenschilder, die Ampeln und die Bodenmarkierungen dabei, uns zurechtzufinden und, möglichst ohne Unfall, den Verkehr zu meistern. Wir haben die Verkehrsordnung und die Bedeutungen der Beschilderung gelernt und können, ohne groß darüber nachzudenken, flüssig von A nach B fahren. Wir erkennen die vielen Signale ohne Probleme und können uns auf den Verkehr und andere Dinge konzentrieren.

Bei einer Konversation müssen wir auch auf einige Dinge gleichzeitig achten, nur »fahren« dabei die meisten Menschen über rote Ampeln, missachten Vorfahrtsregeln usw. Gehen wir einmal davon aus, die Konversation sei wie der Straßenverkehr und die Stimme, die gesprochene und die nonverbale Sprache geleiteten uns durch den »Konversationsverkehr« von A nach B. Im Gegensatz zum Straßenverkehr beachten die meisten Menschen wie gesagt den größten Teil der Signale nicht, weil sie sich nur auf den Inhalt der ausgesprochenen Wörter konzentrieren. Wenn es hochkommt, wird die Intonation der Stimme noch etwas beachtet und die Körpersprache als Ganzes unbewusst wahrgenommen.

Nun, das Gesicht gibt uns drei Arten von Signalen: »statische« Signale wie die Farbe und Beschaffenheit der Haut, die Form des Gesichts, die Knochenstruktur, Fettpolster, Haaransatz und die allgemeine Symmetrie des Gesichts (Nase, Mund, Augenbrauen, Augen). »Langsame« Signale beinhalten allmähliche Veränderungen über einen längeren Zeitraum hinweg wie erblich bedingten Haarausfall, die Hautalterung und -verfärbung sowie die Veränderungen der Fett-Muskel-Relationen. Zu den »schnellen« Signalen wiederum gehören all die Bewegungen, die durch die Gesichtsmuskeln verursacht werden und so das Gesicht temporär im Aussehen verändern: Verschiebungen der Gesichtszüge, der Symmetrie und die temporären Faltenbildungen. Diese »schnellen« Signale und Veränderungen ergeben sich in der Regel während einer Zeitspanne von Sekunden oder sogar im Bruchteil einer Sekunde.

Alle drei Arten von Gesichtssignalen können bewusst oder unbewusst verändert und maskiert werden: sei es durch Haarstyling, Make-up, Botox, chirurgische Eingriffe, Bartwuchs, eine Brille, Schmuck, Tattoos, aber auch durch einen aufgesetzten oder erzwungenen Gesichtsausdruck. Das Gesicht sendet Signale zu unseren Emotionen, Stimmungen, Einstellungen, zu Charakter, Intelligenz, Alter, Geschlecht, Rasse, Attraktivität.

An dieser Stelle möchte ich jetzt nur auf die Emotionen eingehen, die durch die »schnellen« Signale ausgedrückt werden und am schwierigsten zu lesen sind. Die anderen Signale sind relativ einfach wahrzunehmen und zu deuten und beruhen eher auf Erfahrungs- und Vergleichswerten.

Wenn Emotionen wie Angst, Freude, Überraschung usw. hochkommen oder zutage treten, dann ziehen sich dabei die Gesichtsmuskeln zusammen, und es ergibt sich eine sichtbare Veränderung im Gesicht: Falten erscheinen und verschwinden, die Position und Ausrichtung der Augenbrauen verändern sich, Augen, Nase, Lippen, Kinn und Wangen verändern sich kurzfristig.

Wenn eine Person ein rundes, dickes oder dünnes Gesicht, viele oder wenige Falten hat, asiatischer oder europäischer Abstammung ist, ein junges oder altes Gesicht besitzt, dann ist mit dem Erkennen dessen noch nichts gewonnen: All dies kann Ihnen nichts darüber sagen, ob diese Person wütend, traurig oder fröhlich ist. Sie beurteilen im ersten Moment vielleicht, ob Sie die Person mögen oder nicht, ob diese Person generell gefährlich, langweilig oder attraktiv wirkt, aber nur die »schnellen« Signale können uns letztlich sagen, was eine Person im Moment fühlt – und teilweise auch denkt. Es ist dabei jedoch wichtig zu beachten, dass diese Signale und auch jegliche Art von Körpersprache Deutungsmöglichkeiten, Tendenzen aufzeigen und es keine hundert Prozent Sicherheit der Interpretation geben kann.

Selbst wenn wir eindeutig zu erkennen vermögen, dass jemand sich ehrlich freut oder einer anderen Person gegenüber Abscheu zeigt, können wir meistens ob dieser Reaktionen nicht genau sagen, wie groß die Freude, Wut etc. ist.

Aber mit etwas Übung können wir sehr wohl zwischen falschen und echten Emotionen unterscheiden und sagen, ob jemand etwas vertuschen möchte. Diese Fähigkeit ist in unzähligen Situationen Gold wert!

Bevor wir uns dem Erkennen von Grundemotionen widmen, noch eine kurze Abgrenzung zu den Grundstimmungen: Der Unterschied zwischen einer Emotion und einer Stimmung liegt darin, wie lange ein Gefühl andauert.

Wenn ein Gefühl wie Freude (Wut, Trauer ...) aufkommt und einige Minuten, ja vielleicht sogar eine Stunde anhält, dann sprechen wir von einer Emotion. Aber wenn eine Person den ganzen Tag gut drauf ist und ständig ein Gefühl von Freude zeigt, dann sprechen wir von einer Stimmung.

Diese Stimmungen sind einfach zu erkennen, da sie so lange anhalten, meistens sehr offensichtlich sind und immer wieder nach außen getragen werden, daher werde ich hier auch nicht näher darauf eingehen. Bei einer Stimmung wie Wut oder Freude zeigt unser Gesicht in den meisten Fällen nicht alle Ausdrucksmerkmale des Gesichts für das entsprechende Gefühl gleichzeitig. In den meisten

Fällen sieht man nur ein oder zwei Merkmale, die über die ganze Zeit sichtbar sind, doch der komplette Gesichtsausdruck »bricht« dann von Zeit zu Zeit sozusagen immer wieder »auf«.

Zu den »schnellen« Gesichtssignalen zählen auch die »Zeichen«: Nachrichten, die unser Gesicht sendet, wie zum Beispiel ein Augenzwinkern oder ein Nicken des Kopfes. Diese Zeichen sind wie bei der Gestik klare Signale, die jeder in der jeweiligen Kultur oder Subkultur zu deuten weiß. Zu diesen Zeichen können wir auch das Hochziehen der Augenbrauen bei einer Frage zählen oder überhaupt die einzelnen Gesichtsanimationen, die wir dazu verwenden, um das gesprochene Wort zu unterstützen. Dies geht Hand in Hand mit der Gestik und ist je nach Person mehr oder weniger ausgeprägt. Bei einer lebhaften Konversation kann es schon sein, dass meine Augenbrauen heftig am »Arbeiten« sind ...

Das Gesicht sendet noch viele weitere Signale, die man allerdings nicht immer mit Sicherheit deuten kann, daher konzentrieren wir uns hier auf die Grundemotionen und ihre Mischformen, da diese bei allen Menschen gleich sind und eindeutig zugeordnet werden können.

Gesichtsausdrücke für Grundemotionen

Gesichtsausdrücke können wahr, vorgetäuscht, unkontrolliert oder kontrolliert in Erscheinung treten. Wenn jemand Angst vor Spinnen hat und ihm plötzlich ein Exemplar über den Weg läuft, dann zeigt er unkontrolliert, wahrhaftig und plötzlich den Gesichtsausdruck für Angst. Die Person muss nicht drüber nachdenken, wie sich die Gesichtsmuskeln entsprechend zu bewegen haben, um Angst auszudrücken; es passiert ganz von allein. Der Gesichtsausdruck erscheint sehr schnell, steigert sich bis zum Höhepunkt und flacht dann wieder ab.

Bei einem unechten Gesichtsausdruck hingegen ist in vielen Fällen nicht das ganze Gesicht involviert, die Signale stimmen nicht mit der Situation überein und/oder es gibt einen Moment, bei dem der Gesichtsausdruck etwas eingefroren wirkt. Und wenn ein wahrhaftig ausgedrücktes Gefühl gewissermaßen zum Ende kommt oder einen »Abbruch« erfährt, dann kann dieser Gesichtsausdruck künstlich mit anderem vermischt, geändert oder unterdrückt werden.

Zurück zum Beispiel mit der Spinne: Wenn sich die Freunde über jemanden und seine Angst vor Spinnen lustig machen, kann es also sein, dass die ängstliche Person versucht, darüber hinwegzulächeln, wodurch sich unterschiedliche Signale mischen und der Gesichtsausdruck verfälscht wird.

Charles Darwin schrieb schon 1872 in seinem Buch *The Expression of the Emotions in Man and Animals* (dt. Titel: *Der Ausdruck der Gemütsbewegungen bei dem Menschen und den Tieren*), dass Gesichtsausdrücke von Emotionen universal seien und nicht in jeder Kultur unterschiedlich antrainiert würden, sondern, bedingt durch die Evolution, bei jedem Menschen angeboren seien. Später haben viele Autoren diese These kritisiert und teilweise widerlegt. Durch die Forschungen von Paul Ekman vorangetrieben, wurden Darwins Thesen zu diesem Thema jedoch teilweise bestätigt.

Auch die Untersuchungen von David Matsumoto an blinden Judokas und anderen blinden Sportlern, die mit ihrem Handicap geboren wurden und somit über keine antrainierten Gesichtsausdrücke verfügen können, zeigen klar, dass wir bestimmte Grundemotionen identisch ausdrücken. Dies erleichtert uns nicht nur, besser zu kommunizieren, sondern auch, eine Täuschung (Lüge) leichter zu erkennen oder einzelne Gedanken zu lesen.

Wie viele von diesen in allen Kulturen identischen Grundemotionen und den dazu passenden Gesichtsausdrücken gibt es nun aber? Was würden Sie sagen? Nach dem Modell Paul Ekmans (die TV-Serie *Lie to Me* basiert übrigens auf seiner Arbeit) gibt es folgende Grundemotionen, die sich auf erkennbare Art und Weise in unserem Gesicht widerspiegeln: Trauer, Freude, Wut, Ekel, Angst und Überraschung (beschrieben in seinem Buch *Emotions Revealed* oder unter anderem auch in seinem rein akademischen Buch *What the Face Reveals*). Es existieren darüber hinaus auch noch weitere Emotionen, die man mehr oder weniger gut vom Gesicht ablesen kann, wie zum Beispiel Verachtung, aber diese stehen entweder mehr unter einem kulturellen bzw. soziologischen Einfluss oder sind einfach zu unterschiedlich, um eine universale Deutung festzumachen.

Nach allerneuesten wissenschaftlichen Erkenntnissen sind uns sogar nur vier Grundemotionen – Freude, Trauer, Wut (Ekel), Angst (Überraschung) – seit jeher angeboren, und die Unterscheidung zwischen Wut und Ekel sowie die zwischen Angst und Überraschung haben sich erst etwas später entwickelt, da diese Differenzierungen nicht wirklich lebenswichtig waren. Doch genug der Theorie; wie sieht dies jetzt konkret aus.

Trauer/Traurigkeit

Die aktiv ausgedrückte Trauer, die Weinen oder auch physischen Schmerz beinhalten kann, lassen wir hier außen vor, da diese sehr einfach für jedermann erkennbar ist. Außerdem wird diese Art von Trauer eher selten als Täuschung/Lüge von Erwachsenen eingesetzt, da dies in den meisten Fällen eher lächerlich und schnell durchschaubar ist. Die sogenannten Krokodilstränen sind sprichwörtlich.

Kleinkinder können schon eher auf Knopfdruck sehr überzeugend weinen. Zusätzlich handelt es sich dabei jedoch oft gar nicht um ein Gefühl von Trauer, sondern um Schmerz. Wenn eine geliebte Person bei einem Unfall umkommt, dann fühlen die Hinterbliebenen zuerst einmal Schmerz – und leiden vielleicht auch unter einem Schock oder empfinden Wut. Erst etwas später setzt dann die eigentliche Trauerphase ein. Das Gleiche gilt für starke Ablehnung: Zuerst ist man eventuell geschockt und empfindet Schmerz, dann kommen möglicherweise Zweifel oder Wut auf, und erst danach wird man traurig.

Woran erkennen wir die stille Trauer, wenn jemand angesichts eines Verlustes (Person, Sache, Gegenstand) trauert oder unter massiver Ablehnung leidet?

Im extremsten Fall kann es sich ganz subtil äußern und lässt sich nur am Verlust jeglicher Anspannung im Gesicht und an ganz schlaffen Wangen bzw. Backen ablesen.

Freude/Zufriedenheit/Glück

Jeder möchte glücklich und fröhlich sein. Es ist die einzige positive Emotion unter den Grundemotionen. Aber auch wenn ein Vergnügen oder eine Leidenschaft uns Freude und Zufriedenheit bereitet, sind es doch nicht genau die gleichen Gefühle. Da sie nicht immer identisch ausgedrückt werden, gehe ich hier jedoch nicht darauf ein.

Ehrliche Freude hingegen spiegelt sich universal in unserem Gesicht wider. Die Intensität von Freude zeigt sich hauptsächlich über die Position der Lippen. Doch durch ein echtes Lächeln oder Lachen werden die anderen Merkmale mit der gleichen Intensität verstärkt. Daher ist bei einem falschen Lächeln oder Lachen nicht nur die Lippenstellung »falsch« (die Mundwinkel sind eher nach hinten und nicht nach oben gezogen), sondern die ganze obere Gesichtshälfte lacht nicht mit. Zudem stimmt das Timing nicht. Ein falsches Lächeln/Lachen erreicht seinen Höhepunkt in den meisten Fällen sofort und verharrt dort wie eingefroren, bevor es schnell wieder verschwindet. Ein echtes Lächeln/Lachen hingegen ist viel »elastischer« und läuft eher langsam aus oder »hallt« noch etwas nach.

Erkennungsmerkmale von Freude

Stirn und Augenbrauen:
* sind entspannt

Augen:
* Falten unter dem unteren Augenlid, eventuell hochgezogen, aber nicht angespannt
* Krähenfüße an den äußeren Ecken der Augen

Nase:
* Nasenfalte verstärkt und Wangen erhöht

Mund:
* Mundwinkel hochgezogen und zurück
* je nach Intensität: offener Mund, Zeigen der Zähne

Mischungen: Es kann in einer Mischform von Überraschung, Verachtung, Traurigkeit daherkommen.

Maskierung: Es kann unter anderem Wut, Ekel, Traurigkeit maskieren oder einfach als reine vorgetäuschte Emotion ein Fake sein.

Wut/Zorn

Wut ist eine gefährliche Emotion, die uns riskante und unüberlegte Dinge tun lässt. In den meisten Fällen werden Menschen wütend, wenn sie jemand auf persönlicher Ebene verletzt hat (Beleidigung, Ablehnung, Ausgrenzung ...), sie körperlich angegriffen oder bedroht werden oder wenn sie durch etwas oder jemanden frustriert werden. Es ist sehr wichtig, Wut bzw. Zorn rechtzeitig zu erkennen, bevor eine Situation eskaliert.

Erkennungsmerkmale von Wut

Augenbrauen:
- herunter- und zusammengezogen
- vertikale Falten zwischen den Augenbrauen

Augen:
- Augenlider sind angespannt, das obere Lid ist vertieft, das untere kann erhöht sein
- Augen sind starr und hart, wirken zusammengekniffen

Mund:
- Lippen zusammengepresst – physische Gewalt; Versuch von Selbstkontrolle, um nicht loszubrüllen oder etwas Falsches zu sagen
- offener »quadratischer« Mund – verbale Wut

Nase:
- geweitete Nasenflügel

Mischung: Wut tritt oft gemeinsam mit Überraschung oder mit Abscheu (gerümpfte Nase) in Erscheinung.

Maskierung: Wut ist »leicht« zu kaschieren.

Ekel/Abscheu

Bei dem Gefühl von Ekel denken wir in der Regel zuerst an Gerüche, die wir nicht ausstehen können, etwas Essbares, das wir gar nicht mögen und am liebsten ausspucken wollen, oder etwas Schleimiges, das wir nicht anfassen möchten. Natürlich können auch rein visuelle oder auditive Reize ein Ekelempfinden in uns auslösen. Nicht zu vergessen, dass wir Handlungen von anderen Personen als eklig oder abscheulich empfinden. Dies muss nicht unbedingt eine buchstäblich »eklige« Handlung sein, sondern es kann sich auch einfach nur um eine Aktion handeln, die uns missfällt.

Wenn wir einer anderen Person einen Vorschlag unterbreiten, sollten wir immer genau beobachten, ob das verbal Geäußerte auch wirklich vom Gesichtsausdruck gedeckt wird.

Erkennungsmerkmale von Ekel

Augenbrauen:
- gesenkt

Augen:
- Wangen sind erhöht – das untere Augenlid schließt das Auge ein wenig, viele Falten unterm Auge (Krähenfüße in den Augenwinkeln)

Nase:
- gerümpft – viele Falten

Mund:
- Oberlippe hochgezogen, Unterlippe leicht vorgeschoben, dabei entweder erhöht oder vertieft

Gespielte Abscheu: nur ein bis zwei Merkmale oder alle für eine recht lange Zeit.

Mischung: mit Verachtung, dann unsymmetrische Gesichtszüge, oder mit Angst, dann wirkt die Augenpartie wie bei Angst und die Nase wie bei Ekel (eventuell auch mit den Ekel-Anzeichen in der Mundpartie).

Angst

Unser Überleben hing oft damit zusammen, dass wir lernten, Gefahren rechtzeitig zu erkennen, und sehr oft fühlen wir auch heute noch Angst, schon bevor etwas Schlimmeres passiert. Da wir hier die »schnellen« Signale, die ein Gesichtsausdruck sendet, betrachten, geht es nicht um eine andauernde und lang im Voraus angekündigte Angst wie zum Beispiel die Angst vor einer Prüfung. Aber wenn die Prüfung nun überraschend angekündigt sein sollte, wird die plötzlich aufsteigende Angst natürlich auch im Gesicht ausgedrückt.

Erkennungsmerkmale von Angst

Augenbrauen:
- erhöht und zusammengezogen   »gerade«
- horizontales Stirnrunzeln, oftmals unterbrochen

Augen:
- erweitert und angespannt
- oberes Augenlid weit erhöht und das untere angespannt

Nase:
- leicht hochgezogene Nase

Mund:
- offen, die Lippen sind angespannt und vielleicht seitlich zurückgespannt zu den Ohren

Überraschung

Die Überraschung ist mit Abstand die kürzeste Emotion. Sie kommt blitzschnell – und ist dann auch schon wieder vorbei. Wenn Sie darüber nachdenken müssen, waren oder sind Sie nicht wirklich überrascht. Wir werden von etwas Unerwartetem oder von etwas auf andere Weise Erwartetem überrascht. Nach der Überraschung geht es dann schnell in eine andere Emotion (Freude, Angst, Wut, Ekel etc.) über. Die Überraschung ist neutral, aber die folgenden Emotionen sind je nach Überraschung negativ oder positiv. Als Gedankenleser und Mentalist sehe und erlebe ich diesen Gesichtsausdruck bei meinem Publikum/Gegenüber ständig, und es ist schön zu beobachten, wenn der Wechsel von der Überraschung zur Freude (manchmal auch Angst in Form einer Unsicherheit) stattfindet.

Erkennungsmerkmale von Überraschung

Augenbrauen:
- erhöht und rund – lange horizontale Stirnfalten (allerdings nicht bei Kindern)
- Nur hochgezogene Augenbrauen sind als Zeichen von Zweifel zu verstehen und nicht von Überraschung
- Augenbrauen-Flash (kurzes Hochschnellen der Augenbrauen) ist als Zeichen zu verstehen: als Hinweis, dass etwas im Gespräch nonverbal unterstrichen, ein Ausrufezeichen gesetzt wird

Augen:
- weit geöffnet, unteres Augenlid entspannt und oberes erhöht

Mund:
- Der Kiefer fällt, die Lippen und Zähne sind geöffnet

Verachtung

Die Verachtung gehört zwar nicht zu den Grundemotionen, aber es ist besonders im Berufsalltag nützlich, Anzeichen von Verachtung zu erkennen. Verachtung zeigt sich nur als Reaktion auf andere Personen bzw. deren Handlungen.

Das wichtigste Anzeichen für Verachtung ist sicherlich die Asymmetrie: Eine Gesichtshälfte wird stärker als die andere bewegt.

Erkennungsmerkmale von Verachtung

Mund:

- Lippenecke angespannt und einseitig erhöht, hochgezogener Mundwinkel
- Krähenfüße an den äußeren Ecken der Augen

Nase/Backen:

- Wangen leicht erhöht

Augen:

- oft starrer Blick

Der Kluge reist im Zuge ...

... war ein bekannter Werbeslogan von Werner Belmont für die Schweizerischen Bundesbahnen. Ich möchte hier keine Werbung für die Bahn betreiben, aber wenn Sie einmal allein mit Zug, Bus oder am besten mit der Straßenbahn unterwegs sind, dann beobachten Sie die Leute doch ganz genau. Beobachten Sie Pärchen oder Freunde, die sich intensiv unterhalten, und versuchen Sie dabei, die verschiedenen Emotionen und andere Signale an den Gesichtern abzulesen. Manchmal lauschen Sie vielleicht auch der Konversation, um ein Gesamtbild zu erhalten, aber dann, mit ein wenig Übung, ist es besser, nicht mehr zuzuhören. Sie können mit Kopfhörern der Musik lauschen, oder Sie beobachten ein Pärchen, das weit von Ihnen entfernt sitzt. Wenn Sie eine Verabredung zum Essen haben, erscheinen Sie etwas früher und setzen sich dann an die Bar. Von da hat man meist einen tollen Überblick über das ganze Restaurant und kann gut die Leute betrachten, beobachten, wie die Pärchen, Geschäftspartner oder die Eltern mit ihren Kindern agieren und reagieren.

Sie werden erstaunt sein, wie schnell Sie Ihre Auffassungsgabe verbessern, und bald können Sie schon nach wenigen Blicken sagen, wie die interagierenden Personen genau zueinander stehen. Probieren Sie es aus, es macht Spaß.

Finden Sie heraus, ob in Ihrer Nähe Speeddatings organisiert werden. Wenn ja, besuchen Sie so ein Treffen, aber nicht als Teilnehmer, sondern als normaler Gast des Lokals/der Bar (sofern es nicht in einem separaten Raum stattfindet), und beobachten Sie, wie dieselbe Person mit anderen ganz unterschiedlich agiert.

Sehen Sie sich Filmszenen mit sehr guten Schauspielern stumm an, und beobachten Sie, wie diese ihre Signale an den Mann oder an die Frau bringen. Besonders beim wiederholten Ansehen werden Sie die Feinheiten bemerken.

Ein altes japanisches Sprichwort besagt: »Me wa kokoro no ka-gami.« (»Die Augen sind der Spiegel der Seele.«)

Schau mir in die Augen!

Die Augen sind der Spiegel der Seele! Da die Asiaten, besonders in der Geschäftswelt, viel stärker versuchen, ihre Gesichtszüge zu kontrollieren, ist das Beobachten der Augen umso wichtiger. Hier in Europa konzentriere ich mich meistens eher auf die Mundpartie, da diese sehr leicht von Weitem und auch bei schlechten Lichtverhältnissen beobachtet werden kann.

Als Training hier eine gute Übung, um Emotionen von den Augen abzulesen und auch durch Blicke zu senden. Nehmen Sie bitte einen Zeitungsbogen, und schneiden Sie ein kleines Fenster aus, sodass nur Ihre Augen ganz sichtbar sind, wenn Sie den Zeitungsbogen vors Gesicht halten. Nun schauen Sie mit Ihrem so abgedeckten Gesicht in einen Spiegel und versuchen, die Grundemotionen zu »senden«. Üben Sie so lange, bis Sie die Unterschiede deutlich sehen können.

Dann machen Sie die gleiche Übung mit einem Partner. Halten Sie die Zeitung vors Gesicht, und versuchen Sie, Ihrem Partner die Grundemotionen zu senden. Anschließend werden die Rollen vertauscht, und Sie müssen die Grundemotionen von den Augen Ihres Partners ablesen. Wenn Sie dies gut beherrschen, können Sie als nächsten Schritt auch noch versuchen, andere Emotionen zu senden und zu lesen: Liebe, Schuld, Stolz, Erleichterung, Peinlichkeit ...

Wie liest man eine Person?

Wenn mein leider viel zu früh an Leukämie verstorbener Patenonkel Werner zu uns zu Besuch kam oder ich in den Ferien meinen Geburtsort, die »alte« Heimat Dinslaken, besuchte, gingen wir bei Spaziergängen immer auf »Schatzsuche«. Dies war während der Kindergarten- und Grundschulzeit stets ein großes Vergnügen, und es hat immer viel Spaß gemacht, einige Pfennigmünzen zu finden.

Ganz am Anfang war es einfach nur eine fantastische Erfahrung und mir nicht gleich klar, wieso mein Onkel wusste, dass an der und der Stelle etwas verborgen bzw. versteckt sein sollte ... Natürlich kam ich dann aber ziemlich schnell darauf, dass er es selbst war, der die Münzen zu einem früheren Zeitpunkt dort abgelegt haben musste. Er machte es aber richtig und hielt die Illusion aufrecht.

Manchmal versteckte er die Münzen sicher schon ein, zwei Tage vorher, und wenn wir dann einen Spaziergang machten, kamen wir eben zufällig an einem »Schatz« vorbei. Am Anfang konzentrierte ich mich noch ganz auf die Suche an sich – wo würde ich etwas verstecken, gab es Spuren, aber irgendwann habe ich dann bemerkt, dass ich noch schneller zum Ziel kam, wenn ich meinen Onkel ganz genau beobachtete: Seine Körperhaltung, seine Fußstellung (die Fußspitzen zeigen oft automatisch in die korrekte Richtung des versteckten Gegenstandes) oder sein Blick gaben mir unbewusst häufig den passenden Hinweis.

Das Gleiche passierte auch beim »Kinderspiel«, bei dem es darum ging, in welcher Hand sich die Münze oder das Bonbon befindet. Der Vorteil: Wenn eine Person etwas bewusst vertuschen oder verstecken möchte, dann werden die Signale noch viel ausgeprägter gesendet als sowieso schon. Die Schwierigkeit bei einem solchen

Spiel – oder auch auf der Bühne – liegt nun aber darin, dass die Testperson sich manchmal auch extra verdächtig aufführt, um Verwirrung zu stiften. Wie ein Poker-Spieler beim Bluffen gleichsam.

Als Kind schon habe ich immer wieder geübt und zu erkennen versucht, in welcher Hand sich das Bonbon oder die Münze befindet. Einerseits über das direkte Erkennen der Körpersprache oder über eine verräterische Reaktion des Gegenübers auf eine Frage von mir. So verwundert es auch nicht, dass ich stets mit Vorliebe und sehr erfolgreich die Gesellschaftsspiele »Meiern 21« (Mäxchen/Liar's Dice) und »Fünfliberklopfen« (ein Schweizer Spiel, bei dem ein »Detektiv« eine Fünffranken-Münze aufspüren muss, die einer der Mitspieler in einer Hand versteckt hält) gespielt habe!

Auf der Bühne und auch im kleinen Kreise zeige ich übrigens auch heute noch immer gerne meine Sherlock-Holmes'schen Fähigkeiten mit dem einfachen Ratespiel »In welcher Hand befindet sich die Münze/das Bonbon?«. Jeder versteht sofort, um was es geht, da es viele schon einmal als Kind gespielt haben. Die meisten wichtigen Entscheidungen im Leben sind Fünfzig-fünfzig-Entscheidungen, und wenn ich dann vier bis fünf Mal hintereinander richtigliege, ist jedem klar, dass es nicht einfach nur Glück sein kann ...

Um eine möglichst hundertprozentige Ausbeute zu bekommen, habe ich mir im Laufe der Jahre sehr viele Methoden und Techniken angeeignet, um die richtige Hand, die mit dem Gegenstand drin, zu erraten. Alles kann ich hier natürlich nicht ausplaudern, aber zumindest ein, zwei Techniken, die Sie relativ einfach erlernen und umsetzen können, dürfen es schon sein.

Geben Sie einer Testperson also einen kleinen Gegenstand (Münze, Bonbon, Radiergummi, Batterie ...) in die Hand, und fordern Sie sie auf, die Hände hinter den Rücken zu nehmen, um den Gegenstand in einer Hand zu verstecken, und anschließend beide zur Faust verschlossenen Hände wieder nach vorne zu bringen. Sobald Ihr Gegenüber die Hände ausstreckt, betrachten Sie seine Hände genau. Manchmal kann man hier schon an der Handhaltung oder am unterschiedlichen Druck bzw. an der Anspannung erkennen, wo sich der Gegenstand befindet.

Wenn Sie nichts Eindeutiges feststellen können, dann greifen Sie nach seinen Handgelenken, um die Hände ein wenig weiter voneinander zu positionieren. Dies ist natürlich nur ein Vorwand, um die Handgelenke zu berühren. Wenn Sie mit den Fingern die Sehnen beim und hinter dem Handgelenk berühren und spüren, dann werden Sie feststellen, dass Sie bei der Hand mit dem Gegenstand darin eine größere Anspannung spüren können. Das Fühlen des Handgelenkes kaschieren Sie durch das seitliche Auseinanderziehen der Hände. Die große Bewegung (Aktion) kaschiert dabei die kleine Aktion. Für mich kommen diese beiden Methoden nur noch als Back-up infrage, aber für den Anfang sind sie schon mal recht gut zum Üben.

Eine Methode, die ich ständig verwende, die aber leider nicht bei allen Personen funktioniert bzw. bei gewissen Personen nicht immer funktioniert, ist folgende: Beobachten Sie die Person ganz genau, wenn diese die Hände wieder nach vorne bringt. Dann zeigt nämlich oft die Nasenspitze ganz leicht in Richtung der Hand mit dem Gegenstand.

Probieren Sie es aus, Sie werden erstaunt sein, wie viele Menschen dies unbewusst tun. Sicherlich gibt es diejenigen, die bewusst oder per se nicht auf die Hand mit dem Gegenstand schauen wollen, aber dann ist es meist sehr offensichtlich und ebenfalls leicht zu durchschauen. Ein weiteres verräterisches Anzeichen ist, wenn auf einer Seite die Schulter leicht hochgezogen ist (auf dieser Seite befindet sich der Gegenstand) oder der Kopf leicht zur Seite des Gegenstandes geneigt ist.

Wichtig ist, die Person schon gut zu beobachten, bevor es überhaupt losgeht, da manche den Kopf grundsätzlich immer etwas schief halten. Wenn jemand eine Hand sehr viel früher oder deutlich schneller als die andere Hand nach vorne bringt, dann ist in den meisten Fällen die leere Hand die, die zuerst nach vorne gestreckt wird, weil die andere Hand noch beschäftigt ist. Aber wenn eine Hand nur ein wenig früher oder schneller als die andere Hand nach vorne kommt, dann ist dies umgekehrt in vielen Fällen die Hand mit dem Gegenstand darin, da sich die leere Hand etwas später schließt. Dies hängt natürlich davon ab, ob der Gegenstand hinter dem Rücken überhaupt von Hand zu Hand hin- und hergereicht wurde und wie viel Zeit sich die Person bei der Auswahl lässt.

Sie sehen schon, dass es nicht einfach eine hundertprozentige Methode gibt, sondern auf verschiedene Anzeichen zu achten ist, um dann eine Entscheidung zu treffen.

Schön und gut. Ihre Testperson hat sich für eine Hand entschieden und bringt die Hände nach vorne, doch Sie haben keine Ahnung, in welcher Hand sich der Gegenstand befindet. Alles ging zu schnell, und Sie konnten keine klaren Zeichen erkennen. Greifen Sie also nach den Handgelenken, und versuchen Sie den Druck zu spüren (siehe oben) – und wenn Sie dann immer noch nicht mit Bestimmtheit sagen können, in welcher Hand sich der Gegenstand befindet, dann tun Sie so, als ob Sie eine wichtige Sache vergessen hätten zu erwähnen, und lassen Sie sich den Gegenstand zurückgeben. Beobachten Sie nun, in welcher Hand sich der Gegenstand befindet, da die meisten Personen eine Hand bevorzugen und bei einem solchen Spiel tendenziell immer bei derselben Hand bleiben, sodass Sie einen Hinweis haben.

Nehmen Sie den Gegenstand dann entgegen, und zeigen Sie Ihrem Gegenüber an, dass es, nachdem es sich für eine Hand entschieden habe, diese Hand mit dem Gegenstand in die Höhe strecken solle (Sie wenden sich dabei natürlich ab, damit Sie es nicht sehen können), damit die anderen Zuschauer mitbekämen, in welcher Hand sich der Gegenstand befinde. Wenn Sie dieses Spiel nur mit einer Person machen, dann soll sie die Hand mit dem Gegenstand kurz an ihre Stirn halten, um noch fester an diese Hand zu denken. Wenn sie dann wieder beide Hände vorgestreckt hat, soll sie Ihnen Bescheid geben, damit Sie sich wieder umdrehen können. Sobald Sie sich umdrehen, betrachten Sie ganz schnell beide Hände, und Sie werden feststellen, dass eine Hand etwas heller ist als die andere.

Die etwas hellere Hand durchfließt wegen des Hochhaltens weniger Blut – sie ist es, in der sich der Gegenstand befindet. Diese Methode sollten Sie aber nur einmal verwenden, ansonsten ist es zu auffällig. Da Sie dabei aber schon die ganze Zeit die Testperson beobachten konnten, haben Sie nun nach einem Hundert-Prozent-Start eine Fülle an Informationen (war der Gegenstand zwei Mal in derselben Hand oder nicht, sieht die Handhaltung mit dem Gegenstand darin etwas anders aus, zeigt die Nase wirklich in die richtige Richtung ...), um eine gute Entscheidung zu treffen.

Probieren Sie es aus, Sie können dabei Ihre Beobachtungs-, Auffassungs- und Kombinationsgabe trainieren. Kleiner Tipp: Verwenden Sie einen etwas größeren und nicht zu flachen Gegenstand wie einen Radiergummi oder PET-Flaschen-Deckel. Bei einem solchen Gegenstand muss die jeweilige Person die Hand stärker zudrücken als bei einem kleinen oder flachen Gegenstand, und durch diese Anspannung verstärken sich auch die Signale, die Ihr Gegenüber sendet.

Nichts wie los, probieren Sie es aus, und wenn es am Anfang nicht gleich klappen sollte: nicht verzagen; das Resultat ist nicht so wichtig, sondern der Weg. Mit anderen Worten, auch wenn Sie am Anfang oft danebenliegen sollten, lernen Sie dabei etwas, und es bereitet Sie auch darauf vor, Lügen und Täuschungen besser zu erkennen.

Lie to me

Auch wenn man mich in den verschiedensten Medien schon als »lebenden Lügendetektor« bezeichnet hat, werde ich im Alltag natürlich auch ständig von Mitmenschen belogen, ohne dass ich es merke. Das ist auch gut so. Besonders bei kleinen Alltagslügen möchte ich die Wahrheit gar nicht wissen.

Auf der Bühne schaffe ich mir mein eigenes Spielfeld, und ich bestimme die Spielregeln, da ist es natürlich leichter, eine Lüge zu erkennen, als im Alltag; dort ist man oftmals nicht darauf vorbereitet oder rechnet einfach nicht damit. In der erfolgreichen TV-Sendung *Lie to Me* mit Tim Roth wird ebenfalls alles im Hollywood-Stil auf die Spitze getrieben; auch wenn vieles davon auf echten Forschungsergebnissen beruht, gibt es den perfekten Lügendetektor nicht.

Eine der großen Schwierigkeiten beim Erkennen von Lügen liegt darin, dass es keine Pinocchio-Nasen gibt – es existiert kein universales Zeichen, das eine Lüge eindeutig erkennen lässt. Wenn wir lügen, sind wir Stress ausgesetzt, haben eventuell Schamgefühle und verhalten uns nicht ganz natürlich. Wenn mein Gegenüber eine Lüge oder Täuschung jedoch nicht als solche erkennt, dann werden unter Umständen auch gar keine verräterischen Signale gesendet, und es ist somit natürlich nicht möglich, die Lüge zu durchschauen. Will heißen: Wir können Lügen also nur dann erkennen, wenn der Lügner eine in der Situation nicht passende Emotion zeigt. Die gebräuchlichsten Emotionen, die ein Lügner zeigt, sind Schuld (Scham), Angst und Aufregung. Ich fühle mich schuldig, dass ich lüge, oder wegen dem, was ich zu vertuschen versuche. Ich habe Angst vor den Konsequenzen – insbesondere, wenn die Fallhöhe groß ist und viel auf dem Spiel steht. Ich bin aufgeregt, weil ich denke, dass meine Lüge nicht aufgedeckt wurde, oder ich bin grundsätzlich einfach nervös, weil ich es nicht vermasseln möchte.

Bei einem pathologischen Lügner, einem guten Schauspieler oder sonst einer Person, die im Moment der Lüge davon überzeugt ist, nicht zu lügen, oder auch bei Lügen, die so belanglos sind, dass die Person gar nicht darüber nachdenkt, ist es eigentlich unmöglich, eine Lüge aufgrund der Körpersprache auszumachen.

Wenn dann der Inhalt der Lüge auch noch »wasserfest« ist, dann geht sie ohne Probleme auch beim besten Lügenexperten durch. Daher ist es bei einer Befragung immer wichtig, die Person unter Stress zu setzen und so zu Fehlern zu zwingen, wobei das eine Gratwanderung ist. Immer wieder werden besonders in den USA Unschuldige eingesperrt, die ein Schuldgeständnis unterschrieben haben, obwohl sie unschuldig sind, weil der Stress bei der Befragung so groß war, dass sie einfach nicht mehr konnten und nur um endlich Ruhe zu haben, ein Schuldgeständnis unterschrieben.

Lügen haben kurze Beine?

»Ehrlich währt am längsten!«, »Wer einmal lügt …« – bevor wir hier konkret über Lügen und das Erkennen von Lügen sprechen, möchte ich zuerst einmal eine gemeinsame Basis schaffen und auch mit einigen Mythen aufräumen.

Bewusst oder unbewusst lügen und täuschen wir unsere Mitmenschen tagtäglich unzählige Male. Hinzu kommt dann auch noch, dass wir uns sehr oft selbst belügen und selbst täuschen. Andere zu täuschen ist Teil unseres Alltags und durchaus wichtig für ein gelingendes Zusammenleben. Wir freuen uns über und bedanken uns für ein Geburtstagsgeschenk, obwohl wir etwas anderes wollten oder sogar etwas enttäuscht sind, weil wir uns fälschlicherweise schon auf etwas Bestimmtes gefreut haben. Wir sagen, das Essen habe geschmeckt, um niemanden zu beleidigen oder um einer Diskussion mit dem Kellner aus dem Weg zu gehen – es ist ja schon gegessen.

Die Kinder vor dem Fernseher erzählen den Eltern treuherzig, dass die Hausaufgaben schon gemacht seien, obwohl sie tatsächlich noch gar nicht damit begonnen haben. Am Flughafen laufen wir durch die grüne Tür, auch wenn wir eigentlich ein wenig über der Freigrenze eingekauft haben …

Wie oft lügen wir pro Tag? Da geistern Antworten von ein Mal bis zu zweihundert Mal pro Tag herum – beide Angaben jedoch beruhen wiederum auf einer Lüge, da es gar nicht so einfach ist, eine verlässliche Aussage darüber zu machen. Zuerst einmal muss man sich darauf einigen, was man alles als Lüge oder Täuschung bezeichnen möchte und was überhaupt relevant für uns ist. Streng genommen schwingt bei den meisten Komplimenten oder auch bei der Art und Weise, wie wir uns anderen gegenüber darstellen – sei es durch kleine Prahlereien oder durch das »Optimieren« unseres Erscheinungsbilds –, immer auch ein gewisser Grad an Unwahrheit mit. Männer neigen mehr zu Prahlereien, und Frauen greifen dafür beim äußeren Erscheinungsbild viel tiefer in die Trickkiste. Mit anderen Worten, wenn wir absolut zu hundert Prozent ehrlich sein wollten, würden wir selbst und unser Umfeld nicht wirklich damit klarkommen.

Es geht letztlich ja nicht nur darum, was wir sagen, sondern auch, was wir denken und aus Höflichkeit oder anderen Gründen nicht aussprechen. Not- oder Höflichkeitslügen machen unser Leben nicht nur einfacher, sondern sind in den meisten Fällen von Vorteil für den Belogenen. Die ethischen und moralischen Grenzen muss da jeder für sich selbst ziehen, und solange mit gleichem Maß gemessen wird, ist alles gut.

Selbst die Frage »Wie geht es dir?« wird oft der Einfachheit halber mit einem »Gut!« beantwortet, auch wenn es nicht unbedingt stimmt. Besonders die kleinen täglichen Lügen, wie gewisse Komplimente oder Auskünfte zu unserem Befinden, sind für eine funktionierende Gesellschaft sehr bedeutsam, und in den meisten Fällen möchte niemand die ganze Wahrheit – sofern es die überhaupt gibt – hören. Außer in den wirklich wichtigen Bereichen des Lebens und wenn es um relevante Dinge geht.

Der Umgang mit der Wahrheit ist zudem auch von Kultur zu Kultur ganz verschieden. Als gebürtiger Rheinländer stieß ich mit meiner direkten Art in London beispielsweise nicht immer nur auf Begeisterung. So wurde ich immer wieder von Mitstudenten und Mitstudentinnen gefragt, was ich von ihrer Performance oder neuen Choreografie hielte, und äußerte dann zwar eine immer faire, aber manchmal doch auch harte konstruktive Kritik. Meistens bekam ich postwendend die Antwort: »Wieso musst du immer so ehrlich sein?« Ich hätte also immer zuerst um den heißen Brei rumreden sollen, bevor ich die kritischen Punkte ansprach ...

Manchmal zu lügen ist also durchaus »wichtig«, und noch wichtiger sind die kleinen Geheimnisse, die wir selbst in unserem engsten Umfeld voreinander haben. Aber bei einem Deal im Geschäftsleben, beim Kauf eines teuren Gegenstandes und vielen anderen Situationen wäre es doch eben mehr als praktisch, wenn wir Lügen und Täuschungen besser erkennen könnten.

Wie oder woran erkennt
man eine Lüge?

Viele Wege führen nach Rom. So ist es auch beim Ertappen einer Lüge oder beim Aufspüren einer Täuschung. Im Bereich der nonverbalen und unbewussten Kommunikation stößt das Identifizieren einer Täuschung oder einer Lüge sicherlich auf das größte und weitverbreitetste Interesse, weshalb hier auch zahlreiche Fehlinformationen und unsinnige Theorien im Umlauf sind. Sehr viele Menschen sind davon überzeugt, dass sie es sofort merken würden, wenn jemand sie in wichtigen Dingen belügen oder täuschen sollte. Nun, in Wahrheit können wir alle – solange wir keine Schuldgefühle hegen – besser lügen, als wir glauben, aber beim Erkennen einer Lüge scheitern die meisten Menschen kläglich. Selbst Polizisten, Zollbeamte und Anwälte schneiden in Tests dabei sehr schlecht ab. Sie weisen zwar eine höhere Trefferquote beim Erkennen einer Lüge auf als Laien, aber dafür misstrauen sie auch im gleichen Umfang der Wahrheit mehr als die Laiengruppe. Dies hängt sicherlich damit zusammen, dass Laien eher davon ausgehen, dass die Menschen grundsätzlich tendenziell die Wahrheit sagen, und dass Polizisten und Zollbeamte davon ausgehen, dass sie sowieso ständig belogen werden.

Grundsätzlich können wir das analytische Erkennen einer Lüge oder einer Täuschung drei Bereichen zuordnen, und als vierter kommt dann noch unser Bauchgefühl dazu.

1. Körpersprache: Gestik, Körperhaltung, Augenkontakt, Mimik ...
2. Stimme: Lautstärke, Rhythmus, Atmung, Deutlichkeit der Aussprache ...
3. Sprache: Wortwahl, Inhalt einer Aussage oder einer Antwort ...
4. Bauchgefühl: innere Stimme, Erfahrungswerte, Vorurteile, Social Profiling ...

Baseline

In vielen Büchern über Körpersprache stehen Ratschläge wie: »Wenn einer mit verschränkten Armen vor Ihnen steht oder die Arme vor Ihnen verschränkt, dann nimmt er eine ablehnende und defensive Haltung ein. Er ist Ihnen gegenüber verschlossen und lehnt Ihre Vorschläge ab.« Das liest sich natürlich schön, aber so einfach kann man ein Signal nicht einfach deuten. Sicherlich sind verschränkte Arme per se kein Zeichen von Aktivität, aber man muss immer alle Körpersignale im Kontext betrachten. Vielleicht ist es meinem Gegenüber auch einfach etwas kalt, oder es hört nur aufmerksam zu, und die verschränkten Arme sind eine bequeme Pose, in der es sich gut konzentrieren kann. Bei Frauen kann es sein, dass sie unbewusst ihren Busen bei einem Gespräch mit einem Mann abdecken möchten, weil sie entweder bezüglich ihrer Oberweite etwas verunsichert sind oder auch, um den Blick des Mannes nicht von ihrem Gesicht abschweifen zu lassen.

Der Schlüssel zum Erfolg beim Deuten der Körpersprache sind wie gesagt nicht die Interpretation eines einzelnen Signals und der fixe Glaube an dessen Bedeutungsgehalt, sondern das Grundverständnis, dass Sie sich auf die wesentlichen Veränderungen in der Körpersprache und beim Gesichtsausdruck konzentrieren müssen.

Um eine Person erfolgreich zu lesen und eine Lüge zu erkennen, müssen Sie also zuerst einmal das »normale« Verhalten Ihres Gegenübers kennen oder erlebt haben. Ohne diese Norm (»Baseline«) können Sie niemals wissen, ob diese Person nicht immer etwas nervös im Beisein anderer Menschen ist oder sonst irgendein auffälliges Verhalten an den Tag legt. Wenn Sie dann eine Baseline etabliert haben, können Sie nach Veränderungen Ausschau halten wie Anzeichen von Stress, Hinweisen auf Angst im Gesicht usw., ohne sich den Kopf darüber zerbrechen zu müssen, was jedes einzelne gesendete Signal bedeutet.

Bei Freunden und Bekannten haben Sie ja schon eine ungefähre Baseline, da müssen Sie Ihre »Daten« im Kopf nur noch mit der jeweiligen Tagesform abgleichen. Bei Unbekannten hingegen fangen Sie einfach mal mit Smalltalk an und beobachten, wie sich Ihr Gegenüber dabei verhält. Je wohler es sich dabei fühlt, umso besser können Sie es in einer entspannten Situation beobachten: den natürlichen Rhythmus beim Sprechen, die Gestik und die Art des Blickkontakts. Sucht der andere zum Beispiel regelmäßig Blickkontakt oder schweift sein Blick eher in die Ferne, wenn er am Sprechen ist?

Neben den Mikro-Expressionen beim schnellen Auftauchen einer Emotion im Gesicht gibt es noch einige andere wichtige Merkmale, auf die Sie achten sollten. Gehen Sie Schritt für Schritt jeden Bereich mehrmals durch, bevor Sie sich daranmachen, Leute zu beobachten, und versuchen, Lügen bzw. Täuschungen gezielt zu erkennen. Wenn Sie dann bei einer Person ein nicht stimmiges Signal oder Benehmen erkennen, fassen Sie in diesem Bereich nach. Nur weil jemand sich an einer Stelle etwas komisch verhält, heißt es noch lange nicht, dass es sich gleich um eine Lüge oder Täuschung handelt. Es geht vielmehr darum, möglichst viele von diesen »roten Flaggen«

zu sammeln. Je mehr Sie davon identifizieren, umso größer ist die Chance, dass es sich um eine Lüge oder eine Täuschung handeln *kann*. Wenn Sie also eine Ansammlung (»Cluster«) von Hinweisen an einer Stelle festgemacht haben, dann haken Sie nach. Aber denken Sie daran – es sind nur Anzeichen, nichts ist hundertprozentig sicher.

Gesicht und Kopf

Wir haben schon von klein auf gelernt, unser Gesicht zu kontrollieren. Den Kindern wird bereits eingetrichtert: »Schau mich nicht so wütend an, wenn ich mit dir rede ...«, »Wisch das Grinsen vom Gesicht ...«, »Schau nicht so traurig, beleidigt ...« Mal abgesehen von den Mikro-Expressionen müssen wir also damit rechnen, dass die Informationen, die wir im Gesicht des Gegenübers lesen, sehr wohl verfälscht sein können. Besonders, wenn jemand etwas von sich aus erzählt und seinen Kopf und Körper auf die Situation gleichsam »eingestellt« hat.

Wenn wir nun aber etwas Überraschendes fragen, bei dem der andere wirklich nachdenken muss, dann vergisst er oft, sein Gesicht zu kontrollieren, und unverfälschte Informationen können sich zeigen. Der Vorteil dabei ist auch, dass Sie dank der von Ihnen gestellten Frage genau wissen, wann er nachdenkt und wann er reagieren wird. Diese Mikro-Expressionen sind allerdings mit dem bloßen Auge schwer zu erkennen. Eine Video-Aufzeichnung mit Bild-für-Bild-Betrachtung würde es einem viel leichter machen. Diesen Luxus haben wir allerdings nun fast nie, daher müssen wir unseren Blick schärfen und versuchen, den Zeitpunkt des Nachdenkens zu erwischen. Wie Paul Ekman in seinen Forschungen aufzeigt, vermögen wir die Mikro-Expressionen zwar nicht zu kontrollieren oder zu unterdrücken, aber unter Umständen können wir schon innerhalb einer Fünfundzwanzigstel-Sekunde den aufkommenden unverfälschten Gesichtsausdruck mit einem falschen Lächeln überschatten. Wenn wir also im falschen Moment blinzeln, haben wir den wahren Gesichtsausdruck bereits verpasst. Die Maskierung, in diesem Falle ein falsches Lächeln, bleibt aber viel länger stehen, und wir wissen dann zumindest, dass da etwas vertuscht wurde, auch wenn wir die wahre Emotion nicht mitbekommen haben. Apropos falsches Lächeln: Ein echter Smiley ist viel schneller vorbei als ein falscher; daher sehen die Fotos immer so schlecht aus, wenn der Fotograf sich zu viel Zeit lässt. Das ist mit ein Grund, wieso ich nie auf einem Foto zu beruflichen Zwecken lache oder lächle (außer bei einem Schnappschuss) – da ich nicht weiß, wann der Fotograf abdrückt, und ich kein unechtes Lächeln haben möchte, versuche ich es gar nicht erst hinzubekommen …

Wir haben uns allerdings schon so sehr an falsches Lächeln gewöhnt, dass sich die meisten Menschen gar nicht mehr daran stören. Schauen Sie sich doch aber daraufhin noch einmal die ganzen Politiker-Plakate an – fürchterlich.

Mal abgesehen davon, dass jemand unbedingt eine Brille braucht oder Staub in den Augen hat, sollte Ihr Gegenüber nicht öfter blinzeln als Sie. Denn wenn das Gehirn ganz viele Informationen sehr schnell verarbeiten muss, dann wird das Tempo des Blinzelns erhöht. Normalerweise wird Ihr Gegenüber also dann blinzeln, wenn Sie eine Pause beim Sprechen machen, um die Informationen abzuspeichern. Wenn jemand lügt, braucht er jedoch extra viel Hirnleistung – und dadurch kann sich die Blinzel-Frequenz deutlich erhöhen.

Sehr oft kann man beobachten, dass eine Person mit NEIN antwortet und dabei mit dem Kopf nickt oder JA sagt und gleichzeitig dabei den Kopf schüttelt. Lance Armstrong antwortete in verschiedenen Interviews auf Fragen, ob er frei von Doping und sauber sei, mit »Ja« oder mit »Zu hundert Prozent« – schüttelte dabei aber mehrfach den Kopf hin und her. Die Signale waren oftmals so stark, dass es schon fast lächerlich wirkte. Diese Art von Unstimmigkeiten kann man sehr oft und leicht beobachten.

Zur Bedeutung der Blickrichtung komme ich später noch.

Schulter und Oberkörper

Bei den Schultern sollten Sie einerseits auf aufkommende Verspannungen und auf die Ausrichtung der Schultern achten. Wenn Ihnen jemand gegenübersteht, und der dann anfängt, sich mit den Schultern wegzudrehen, während er spricht, dann kann dies bedeuten, dass er über etwas redet, das in ihm ein Unwohlsein hervorruft, oder dass er mit Ihnen nicht übereinstimmt. Ein Wegdrehen der Schulter, wenn Sie am Sprechen sind, kann bedeuten: »Das möchte ich nicht hören« bzw. »Das Gespräch ist für mich beendet« bzw. »Eigentlich möchte ich gehen oder gerade etwas anderes erledigen ...«

Asymmetrische Signale sind grundsätzlich immer verdächtig und verlangen nach Erklärung. Es ist normalerweise nicht natürlich, ein Schulterzucken nur mit einer Schulter auszuführen. Das typische »Ich weiß nicht« oder »Ist mir egal« zeigen wir mit einem doppelten Schulterzucken an. Achten Sie also auch darauf, ob sich jemand plötzlich mit dem Oberkörper zurücklehnt, um mehr Abstand zwischen sich und Sie zu bringen. Das ist jedoch nicht zu verwechseln mit einem natürlichen Zurücklehnen in sitzender Position, um sich zu entspannen oder es sich bequem zu machen.

Hände

Hände sagen so viel aus, und im Gegensatz zum Gesicht wissen die meisten Menschen gar nicht, was sie bewusst mit ihren Händen machen, und dementsprechend laufen die Handsignale eher unbewusst ab, abgesehen vom gezielten Einsatz von Gestik. Hier auf einzelne Handsignale und ihre Bedeutungen einzugehen, würde den Rahmen sprengen, aber das ist ja auch nicht so wichtig, da wir sowieso das große Ganze betrachten und uns nicht bei einzelnen Signalen verzetteln wollen.

Schauen Sie einfach auf die Unterschiede! Wenn jemand zum Beispiel zwei Argumente oder Situationen mit den Händen abwägt, dann hebt er vielleicht unbewusst eine Hand etwas an, weil er eher für diese Sache ist. Achten Sie darauf, wohin sein Zeigefinger oder die ganze Hand beim Sprechen zeigt. Wenn jemand bei einer Besprechung sagt: »Ich weiß nicht, wo das Problem/der Fehler liegt«, und dabei unbewusst auf sich oder jemanden in der Runde zeigt, kann es sein, dass er wohl eine feste Meinung davon hat, wer das Problem ist oder den Fehler begangen hat, aber sich nicht traut, diese kundzutun. Wenn jemand beim Sprechen sehr oft sein Gesicht oder den Hals berührt, zeugt dies von Unsicherheit, und wenn er dann noch mit der Hand öfters den Mund verdeckt oder die Nase anfasst, dann kann dies bedeuten, dass er darüber nichts sagen möchte oder seiner Meinung nach schon zu viel dazu gesagt hat. Das heißt dann nicht automatisch, dass diese Person lügt, aber es ist auf jeden Fall ein Zeichen von Unbehagen, von Verstecken-Wollen.

Füße und Beine

Beobachten Sie einmal die Füße von Vögeln, die auf einem Ast sitzen. Wenn Sie sich den Vögeln nähern, werden Sie feststellen, dass diese das Gewicht von einem Bein aufs andere mehrmals hin- und herverlagern, bevor sie davonfliegen.

Bei Menschen, die eine Konversation beenden möchten oder sich dabei unwohl fühlen, kann man dies auch gut beobachten, wie sie das Gewicht von einem Bein aufs andere verlagern. Oder die Füße sind so verdreht, dass sie schon zur Türe zeigen, und nur noch das Gesicht bleibt – aus Höflichkeit – Ihnen zugewandt. Jegliche Art von unruhigen Füßen oder Beinen sollten wir beachten und versuchen, der Sache auf den Grund zu gehen. Die Signale sind meist so offensichtlich, aber normalerweise schenken wir weder bei uns noch beim Gegenüber den unteren Körperextremitäten große Beachtung.

Tempo, Rhythmus, Atmung

Die Frage ist hier für Sie: Gibt es Abweichungen im Tempo und Rhythmus, die nicht zum Inhalt passen? Ändert sich der Sprechfluss, wirkt es etwas steif, oder spricht die Person auf einmal mit viel mehr Versprechern, Ähs und Ähms, oder redet sie auf einmal viel langsamer und abgehackter? All dies können Anzeichen sein, dass jemand lügt.

Lügen kann einem sehr viel Konzentration abverlangen, und es kommt uns dann so vor, als zeige die Person Nervosität, so, als ob sie vor einer großen Menge eine spontane Rede halten oder plötzlich vor einer Kamera sprechen soll.

Achten Sie auch auf Veränderungen in der Stimmqualität: Wird jemand auf einmal undeutlicher in der Aussprache oder ändert sich die Intensität der Stimme unpassenderweise zum Kontext?

> Wenn wir auf etwas besonders aufmerksam machen wollen, werden wir lauter, und unsere Stimmlage erhöht sich etwas; und wenn wir uns von etwas distanzieren, dann wird die Stimmlage etwas tiefer und leiser.

Wenn nun jemand sich ganz gelassen geben möchte und etwas abweist, aber dabei die Stimmlage erhöht und vielleicht auch noch lauter wird, dann passt da eventuell etwas nicht zusammen und wir haben ihn/sie auf frischer Tat ertappt ...

Lügner betonen verbal gerne, wie unschuldig sie doch seien: »Ganz ehrlich ...«, »Du wirst mir nicht glauben, aber ...« usw.

Ein Lügner wird viel seltener »ich« oder »mich« verwenden und Personen, die er eigentlich gut und auch persönlich kennt, in der 3. Person oder unpersönlich ansprechen. Als Bill Clinton etwa bezüglich seiner Affäre mit Monica Lewinsky log, nannte er sie zuerst gar nicht beim Namen, als ob er sie kaum kennen würde. (»I did not have sexual relations with that woman.«)

Ein Lügner rechtfertigt sich zudem aggressiver als normal. Er reagiert mit einer Gegenfrage, um Zeit zu gewinnen, startet einen Gegenangriff oder weicht aus. Er erklärt wortreich seine Situation und kommt auf viel Unnötiges zu sprechen. Er antwortet, bevor er überhaupt gefragt wird oder drankommt. Im Kontext von Sherlock

Holmes habe ich ja unter anderem auch schon über die verschiedenen Fragen, die mir Journalisten immer wieder stellen, geschrieben. Das Erkennen von Lügen ist auch immer ein Thema, das die Reporter brennend interessiert, aber sie sind dann meist enttäuscht, wenn ich ihnen nicht pfannenfertige Rezepte geben kann, mit denen man eine absolute Trefferquote schafft, sondern sie auf das feine Zusammenspiel von Zeichen hinweise, die es genau zu analysieren und zu interpretieren gilt.

Vielleicht sind Sie nun auch ein wenig enttäuscht, weil Sie feststellen mussten, dass es einerseits gar nicht so einfach ist, eine Lüge zu entdecken, und andererseits einiges an Übung braucht, um Erfolg zu haben. Doch eigentlich sollten wir alle froh und beruhigt sein, dass es nicht so leicht ist, uns als Lügner zu entlarven. Denn selbst Polizisten, die von sich behaupten, gut im Durchschauen von Lügen zu sein, kommen gerade einmal auf eine Trefferquote von 55 Prozent. Nur CIA-Agenten mit Spezialtraining – etwa mit Übung im Erkennen von Mikro-Expressionen eben nach Paul Ekman (Facial Action Coding System, FACTS) und in anderen Techniken, die ich Ihnen vorgestellt habe – schneiden deutlich besser ab. Prof. Aldert Vrij, ein anerkannter Experte der Materie, beschreibt in seinem wissenschaftlichen Buch *Detecting Lies and Deceit* (dem ernsthaft interessierten Leser sehr zu empfehlen) unter anderem die vielen Fehler, die im Zusammenhang mit dem beruflichen Erkennen von Lügen (bei Polizei, Kriminologen ...) regelmäßig gemacht werden.

Extra-Tipp:
Wenn Ihnen jemand etwas erzählt und Sie dabei aufgrund des hier Gelernten eine oder sogar einige »rote Flaggen« gesammelt haben und die Story wirklich überprüfen wollen, dann lassen Sie sich die Geschichte/das Erzählte einfach in umgekehrter

---

Reihenfolge von hinten erzählen. Oder wenn Sie subtiler vorgehen möchten, stellen Sie einfach Fragen zur »Geschichte«, bei denen Sie die »Timeline« (Abfolge) in umgekehrter Reihenfolge oder grundsätzlich nicht chronologisch »abfragen«. Dies sollte dann natürlich auf eine naive Art und Weise stattfinden, damit Ihr Gegenüber keinen Verdacht schöpft. Die meisten haben große Mühe, eine erfundene/erlogene Geschichte rückwärts oder in nicht chronologischer Reihenfolge spontan wiederzugeben. Bei wirklich Erlebtem ist dies hingegen kein Problem – im Gegenteil, es ist sogar natürlich, dass wir etwas wirklich Erlebtes nicht in einer chronologischen Reihenfolge erzählen, besonders wenn wir es noch nicht oft erzählt haben.

NLP: Wohin
das Auge sieht ...

visuell konstruiert

visuell erinnert

auditiv
konstruiert

auditiv
erinnert

kinästhetische
Empfindung

innerer
Dialog

Das erste Mal habe ich NLP (Neuro-Linguistisches Programmieren) und den »Eye Accessing Cue« (Augenzugangshinweis – siehe Abbildung oben) mit 16 Jahren über mein Interesse an der Hypnose kennengelernt. In ihrem Buch *Frogs into Princes* stellten die NLP-Begründer Richard Bandler und John Grinder 1979 dieses Modell vor: Laut deren Theorie schauen wir nach rechts oben (von uns aus gesehen), wenn wir etwas im Geiste imaginieren (zum Beispiel unser Auto in einer anderen Farbe) und vor unserem geistigen Auge sehen. Nach links oben sehen wir, wenn wir uns visuell an etwas erinnern (zum Beispiel an ein Haus, in dem wir einmal gelebt haben). Wenn wir nach links oder rechts zur Seite blicken, findet das gleiche Spiel mit Tönen, Geräuschen oder gehörten Wörtern statt. Blicken wir also (von uns aus gesehen) seitlich nach links, dann erinnern wir uns an ein Ton/Geräusch/gesprochenes Wort und wenn wir seitlich nach rechts blicken versuchen wir in Gedanken ein Ton/Geräusch/ gesprochenes Wort zu konstruieren. Wir blicken nach rechts unten, wenn es um kinästhetische Empfindungen (auch Geschmack und

Gerüche) geht, und nach links unten, wenn wir mit uns selbst eine Art von innerem Zwiegespräch führen. (In der grafischen Darstellung wird es immer so abgebildet, wie wir es bei unserem Gegenüber sehen.)

Bei Linkshändern ist das Ganze meistens umgekehrt. Ich habe das Modell damals kennengelernt als ein Werkzeug für Verkäufer, um mit den richtigen Fragen festzustellen, ob ein Kunde eher mehr über das Aussehen, den Sound oder darüber, wie sich das Produkt anfühlt, erfahren möchte. Später wurde es (fälschlicherweise) auch angewandt, um Lügen zu erkennen. Wenn ich zum Beispiel danach frage, welche Farbe Ihre Haustüre habe, und Sie, bevor Sie antworten, nach rechts oben schauen (visuell konstruiert), dann hätten Sie gelogen, da Sie sich nicht an etwas Visuelles erinnert (links oben), sondern etwas Neues konstruiert hätten.

Erst kürzlich aber hat Professor Richard Wiseman in einer Studie belegt, dass diese Theorie zum Erkennen von Lügen wissenschaftlichen Untersuchungen nicht standhält. Auch ohne wissenschaftlichen Test habe ich selbst dies schon vor sehr langer Zeit anhand meiner eigenen Erfahrungswerte, also außerhalb des Labors, festgestellt; und dennoch verwende ich die »Eye Accessing Cue«-Methode tagein, tagaus, um Lügen zu durchschauen.

Lassen Sie mich das erklären. Sie erinnern sich noch an das Modell mit der Nase: Die Nase zeigt in die Richtung der Hand mit dem Gegenstand. Diese Methode würde bei jedem wissenschaftlichen Test jämmerlich durchfallen, und dennoch funktioniert sie in vielen Fällen. Wichtig dabei ist nur, dass man so eine Methode nicht allein und nicht stur nach Schema F anwendet. Es ist nur ein Puzzleteil unter vielen. Beim Erkennen von Lügen sowieso. Nichts ist hundert Prozent zuverlässig, es geht nur darum, möglichst viele Warnsignale zu identifizieren und dann aufgrund von Erfahrungswerten eine Entscheidung zu treffen.

Aber dies ist ja selbst bei wissenschaftlich akzeptierten Methoden der Psychologie so. Auch wenn die Psychologie eine anerkannte Wissenschaft ist, bleibt sie doch eine »Soft Science«, die auf bestimmten Annahmen und Wahrscheinlichkeiten beruht, weshalb sie auch in keiner Weise einer Naturwissenschaft (»Hard Science«) gleichgestellt werden darf. Es ist ein wenig so wie mit den Prognosen bei Wahlen: Es kommt nicht immer so, wie man denkt.

Doch zurück zum Augenzugangsmodell und wie ich es zum Erkennen von Lügen verwende. Für mich ist es nur ein Tool, auf das ich achte, bei manchen Menschen funktioniert es gar nicht, bei manchen ab und zu und bei anderen wiederum eigentlich immer. Die einzige fixe Regel, die ich dabei habe, ist die, auf die Baseline und die »roten Flaggen« zu achten.

Fragen Sie eine Freundin, ob Sie mit ihr ein kleines Spiel/ Experiment ausprobieren könnten. Sie werden ihr dann einige Fragen stellen, die sie Ihnen beantworten soll, und da es sich um visuelle Dinge handelt, soll sie sich alles schön plastisch vorstellen, bevor sie Ihnen antwortet (erster Schritt zum Erfolg: die richtigen Anweisungen geben).

Dann fragen Sie:

1. Welche Farbe hat dein Küchenboden?
2. Was steht alles bei dir im Flur?
3. Welche Farbe hat die Haustüre?
4. ...

Achten Sie dabei, wohin Ihre Freundin jeweils schaut. Blickt sie nach rechts oben (von Ihnen aus), als ob sie sich visuell an alles erinnert? Wenn sie es jedes Mal macht, dann wird es nachher einfach sein, die Lüge zu erkennen; wenn sie es nur ab und zu oder gar nicht macht – auch nicht schlimm. Wichtig ist, dass Sie sich gemerkt haben, wie sie grundsätzlich beim Nachdenken und beim Antworten reagiert. Auch wenn sie jedes Mal nur geradeaus schaut, kann dies nachher nützlich sein. Achten Sie auf das Timing beim Antworten – wie schnell kommt die Antwort – usw. Nun haben Sie eine Baseline.

Dann erklären Sie Ihrer Freundin, dass Sie nun wieder fünf ähnliche Fragen stellen würden und sie bei irgendeiner dieser Fragen lügen solle. Ihre Aufgabe ist es natürlich, die Lüge zu erkennen.

Wichtig dabei ist:

- Stellen Sie nur Fragen, die man sich visuell vorstellen muss/kann – die Signale bei solchen Fragen sind am Anfang leichter zu erkennen.
- Es ist immer besser, Fragen zu stellen, bei denen die Person etwas nachdenken muss – die Frage nach der Autofarbe löst wahrscheinlich gar keine Reaktion aus, da die meisten darüber nicht nachdenken müssen.
- Es ist von Vorteil, wenn alle Fragen eine gleich lange Antwort benötigen.

Beispielfragen:

1. Welche Farbe haben die Schuhe, die du vorgestern anhattest?
2. Welche Farbe hatte dein erstes Fahrrad?

3. Welche Farbe hat die Haustür deiner Großmutter mütterlicherseits?
4. Welche Farbe hat die Bettwäsche, die du momentan verwendest?
5. Welche Farbe hatte dein erster Computer/Laptop?

Beobachten Sie Ihre Freundin beim Überlegen und Antworten ganz genau, und versuchen Sie den »Ausreißer« mit Blick auf die Baseline zu erfassen.

Typische Fälle, die eintreffen, sind dabei:

- Sie hat nur bei einer Frage auf die andere Seite geschaut (nach NLP-Muster oder spiegelverkehrt).
- Bei jeder Frage schweift der Blick suchend umher, nur bei einer Frage gibt es direkten Blickkontakt. (Dass Lügner immer wegschauen, ist ja ein falscher Mythos, der höchstens bei kleinen Kindern zutrifft ... Im Gegenteil, Lügner suchen oft krampfhaft den Augenkontakt, weil sie nicht auffallen wollen.)
- Bei der Antwort auf eine Frage schließt sie die Augen oder schaut kurz zu Boden, als ob sie die Lüge nicht sehen möchte.
- Die Frequenz des Blinzelns ändert sich.
- Achten Sie auf die Hände, Füße, Mikro-Expressionen und alles andere, was ich Ihnen schon beigebracht habe ...

Manchmal schaut eine Person auch immer in dieselbe Richtung, aber einmal nicht ganz genau gleich. Dies kann passieren, wenn sie sich an alles visuell erinnert – auch bei der Lüge sieht sie das Fahrrad vor sich, aber anstelle ihres eigenen Fahrrads stellt sie sich das Fahrrad ihrer Schwester vor. Diese Fälle sind schwer zu knacken. Klar ist es eine Lüge, aber es ist keine frei erfundene Information. Wie sagt man doch so schön: »In jeder guten Lüge steckt etwas Wahrheit drin.« Dies ist eine wichtige Erkenntnis: Wenn Sie von etwas wirklich Erlebtem erzählen und nur ein, zwei Fakten abändern, ist es viel, viel schwieriger, dies als Lüge zu erkennen, als bei einer komplett erfundenen Geschichte.

Als Variante können Sie sich auch fünf kurze Erlebnisse in wenigen Worten erzählen lassen, von denen eine Geschichte frei erfunden ist. Der Nachteil bei dieser Variante ist, dass Sie auf viel mehr achten müssen. Die Datenmenge ist um vieles größer. Auf der anderen Seite haben Sie den Vorteil, dass der Lügner eine größere Denkleistung vollbringen muss und dadurch die entsprechenden Signale noch viel stärker aussenden wird. Dieses Lügenexperiment habe ich schon oft erfolgreich bei Radio-, TV- und Zeitungsinterviews durchgeführt, wenn größere Experimente nicht passend waren. Probieren auch Sie es aus!

Hinweise auf die Wahrheit

Manchmal ist es einfacher, sich quasi von der anderen Seite einer Aufgabe zu nähern. Mit anderen Worten: Es ist leichter, nach der Wahrheit zu suchen, als eine Lüge entlarven zu wollen.

Anzeichen für die Wahrheit:

- Wenn jemand eine wahre Geschichte erzählt, die er noch nicht tausend Mal zum Besten gegeben hat, dann ist es normal, dass er Zeitsprünge macht und in der Chronologie hin und her springt. Oder er fängt nicht am Anfang an, und mitten in der Geschichte meint er: »Oh, ich muss dir ja noch den Anfang erzählen ...«
- Stichwort »eigene Schuldzuweisungen«: Ein Lügner wird hingegen eher nicht sich selbst die Schuld für etwas geben.
- Unaufgefordert erfolgende Anzeichen von Zweifel an der eignen Geschichte oder kleine nachträgliche Korrekturen.
- Eingeständnis im Verlauf des Erzählens, dass die Erinnerung an etwas nicht mehr so gut sei. (Erinnerungslücken auf Nachfrage hingegen sind ein Fünfzig-fünfzig-Dilemma ...)
- Das Erwähnen von sehr ungewöhnlichen Details.
- Das Einflechten der direkten Rede von anderen Personen.
- Die genaue Wiedergabe der Gefühle anderer involvierter Personen.
- Detaillierte Beschreibungen von Zusammenhängen.
- Genaue Darstellungen von Interaktionen mit anderen Personen.
- Der Geschichte einen persönlichen Kontext geben: »Wie jeden Morgen trank ich meinen Kaffee in der Küche, als ...«

Mein bester Freund aus Jugendzeiten hatte mal seine Freundin bei einem Seitensprung erwischt. Nach langem Hin und Her kamen sie dann wieder zusammen, aber er traute ihr nicht mehr recht. Dennoch konnte er sich einfach nicht von ihr losreißen. Wenn man verzeihen kann und es weitergeht, ist ja alles gut; dann muss man aber auch wieder vertrauen können. Andernfalls ist die Beziehung nicht mehr zu retten und ein Schlussstrich die einzig richtige Lösung. Er schaffte das aber nicht, also machten sie weiter, und sein Misstrauen wuchs und wuchs, bis er ein Key-Stroke-Überwachungsprogramm auf ihrem Computer installierte und so herausfand, dass sie ihn noch weiter betrogen hatte. Er bekam danach einen ziemlichen Knacks und hat sich schlecht davon erholt.

Lügen und Täuschungen aufzudecken kann wichtig sein, auch Spaß machen, aber es kann auch unschön enden. Überlegen Sie es sich im Vorfeld gut, wo und ob Sie nachforschen wollen. Versuchen Sie Ihre Entscheidungen immer doppelt zu prüfen. In diesem Sinne – viel Glück!

Kontakt-Gedankenlesen

»Ich benutze meine fünf Sinne sehr intensiv und kreiere
damit die Illusion eines sechsten oder siebten Sinns.
Ich glaube, dass die meisten Menschen sich nicht
an ihre Grenzen wagen, weshalb ihnen dann
eine extreme Leistung übernatürlich vorkommt.«
Tobias Heinemann

Die Fähigkeit, verlorene Gegenstände oder sogar vermisste Personen wiederzufinden, wünscht sich wohl jeder. Wir alle haben schon einmal etwas Wichtiges, etwas Wertvolles verloren, verlegt oder es wurde uns sogar gestohlen, und wir wären dann so froh gewesen, wenn wir einfach die Möglichkeit hätten, das Verlorengegangene ohne Probleme aufzuspüren. Oder noch wichtiger: Wenn man doch eine vermisste Person einfach so über hellseherische oder andere Fähigkeiten aufspüren könnte! In Büchern, in Filmen und sogar in den Zeitungen wird immer wieder berichtet von Menschen, die, mit übersinnlichen Fähigkeiten ausgestattet, solche Taten vollbringen.

Mich hat das Thema stets fasziniert, und in der Welt der Fiktion ist es auch einfach ein spannender Plot. Aber im wirklichen Leben gibt es absolut keinen Beweis, dass sogenannte Psychic Detectives (hellseherisch veranlagte Detektive) jemals ein Verbrechen mit ihren Angaben aufgeklärt oder eine vermisste Person wiedergefunden hätten. Natürlich wird es immer wieder behauptet, und Boulevardmedien berichten fleißig darüber, aber all dies kann man getrost als »Fake News« bezeichnen. In vielen Fällen sind es einfach rotzfreche Behauptungen, die mit gar keinem Verbrechen in Beziehung stehen, in anderen Fällen handelt es sich um Bestätigungsfehler, romantisches Wunschdenken oder »Retrofitting«: Ein Hellseher macht vage Behauptungen (siehe Barnum-Aussagen im Kapitel »Cold Reading«), und nachdem der Fall aufgeklärt ist, wird rückwirkend alles so geradegebogen, dass man es als Erfolg verbuchen kann.

Grundsätzlich werden die meisten Fälle durch Zufall, dank gravierender Fehler der Verbrecher, Hinweisen aus der Bevölkerung und guter Detektivarbeit gelöst. Wenn wir aber nun hellseherische Fähigkeiten in fiktiven Geschichten betrachten, dann fällt auf, dass das Medium im Film oder in einem Roman seine hellseherischen Visionen meistens in dem Moment erhält, wenn es einen physischen Kontakt zu einer Person oder zu einem relevanten Gegenstand herstellt. Einerseits ist eine solche Darstellung ein schönes stilistisches/dramaturgisches Mittel, und viele Autoren und Regisseure kopieren sich gegenseitig, andererseits beruht genau dieses »Bild« eines hellseherischen Moments auf Überlieferungen von Demonstrationen der Mentalisten aus dem 19. Jahrhundert.

Ein vergessener Pionier des Gedankenlesens ist John Randall Brown (1851–1926) aus St. Louis, Missouri; er war wahrscheinlich der erste öffentlich auftretende Mentalist in Amerika. In seiner Schulzeit fand er heraus, dass er, wenn ein Klassenkamerad einen Gegenstand versteckte, diesen wiederfinden konnte, indem der Klassenkamerad seine Hand auf Browns Stirn legte und dabei an den Gegenstand dachte. Ermutigt von seinen Erfolgen, demonstrierte der etwas schüchterne Brown seine Fähigkeiten immer öfter, bis eines Tages in Chicago bei einer kleinen Vorführung auch einige Zeitungsreporter anwesend waren und er auf deren Berichterstattung hin gleich zur Sensation avancierte. Etwas später wurde er von dem Neurologen Dr. George Miller Beard (er trug auch wirklich einen Bart) herausgefordert, sein Gedankenlesen unter Testbedingungen zu wiederholen. Beard stellte dabei fest, dass es sich nicht um »echtes« Gedankenlesen im übernatürlichen Sinne handelte, sondern dass die Beteiligten sich durch winzige muskuläre Regungen und Zuckungen verrieten und Brown dies »lesen« konnte. Daraufhin demonstrierte Brown weitere Stunts »ohne« Kontakt, indem er mit einer Person durch einen langen Draht verbunden war. Brown war kein guter Vorführer und konnte so auf die Dauer seinen Ruhm nicht erhalten. Er wurde nach seinem Ableben in einem anonymen Grab beerdigt. Doch vor seinem Tod gab er sein Wissen weiter an seine Assistenten: Der erfolgreichste davon war Washington Irving Bishop (1855–1889).

Bishop verbesserte die Kunst des Muskellesens und zeigte seine unglaublichen Demonstrationen auch in England. In London wurde er vom Physiologen und Naturforscher William Benjamin Carpenter untersucht, der daraufhin 1882 eine Entdeckung machte, die er den »Ideomotor-Effekt« nannte (wird auch als Carpenter-Effekt oder Ideomotor-Phänomen bezeichnet).

Der Ideomotor-Effekt oder auch Ideomotor-Reflex ist ein psychologisches Phänomen, bei dem eine Person unbewusste Bewegungen ausführt. »Ideomotorisch« kommt von dem Begriff »ideo« (Idee oder gedankliche Vorstellung) und von »motor« (muskuläre Bewegung). Das Prinzip besagt, dass ein Gedanke oder eine bildliche Vorstellung eine minimal-muskuläre automatische oder reflexartige Reaktion auslöst, die von der ausgehenden Person unbewusst und unerkannt getätigt wird: das unbewusste Mitgehen beim Sport also, oder wenn jemand unbewusst seinen Mund bewegt, wenn er seinem Gegenüber beim Essen zuschaut. Aber auch die reflexartige Reaktion auf Schmerzen, die sich nur auf eine Idee beziehen, ohne dass die Person sich bewusst dazu entschieden hat zu reagieren. Viele angeblich übersinnliche Fähigkeiten fallen in diese Kategorie, wie zum Beispiel das Pendeln, Gläserrücken (»Ouija Board«, ein Hexenbrett), Tischrücken, der Wünschelrutengang etc., bei denen die Beteiligten unbewusst, jedoch durch ihre Gedanken ausgelöst, das Pendel oder die Wünschelrute mit ganz feinen muskulären Impulsen bewegen bzw. ausschlagen lassen. Die meisten Personen sind sich auch dann noch ganz sicher, dass sie nicht nachgeholfen haben, wenn man sie klar darauf anspricht, weil sie die kleinen Bewegungen schlicht nicht spüren.

Für meine TV-Serie *Der Gedankenjäger* filmte ich mit einer Gruppe von Studenten ein Experiment mit einem Ouija Board. Obwohl alle behaupteten, nicht an Geister oder übernatürliche Kräfte zu glauben, und versicherten, dass keiner von ihnen den Zeiger (Planchette) bewegt habe, reichte schon der Gedanke an eine Person bzw. den Namen der Person aus, um den Zeiger unbewusst zu den richtigen Buchstaben zu schieben, um somit den Namen richtig zu buchstabieren.

Die Erwartungshaltung und die Gruppendynamik unterstützen dies noch, und es entsteht der Eindruck, als ob sich der Zeiger ganz von selbst bewegt. Im Bereich Hypnose und Suggestionen kommt der Ideomotor-Effekt ebenfalls oft zum Tragen.

Stellen Sie sich bildlich vor, in eine Zitrone zu beißen, und Sie werden feststellen, dass sich, rein durch die Vorstellungskraft, der Speichelfluss in Ihrem Mund erhöhen wird. Manche von Ihnen werden dabei sogar auch noch etwas das Gesicht verziehen.

Ein weiteres Beispiel, wie eine Suggestion zuerst zu einer Empfindung und dann zu einer unkontrollierten Handlung führen kann: A: »Sie wollen sich kratzen.« B: »Während Sie so dasitzen und diese Zeilen aufmerksam lesen, egal, wo Sie sich gerade befinden, werden Sie, je mehr Sie versuchen, nicht darüber nachzudenken, umso deutlicher ein sich steigerndes Bedürfnis bemerken, sich zu kratzen.«

Bei A lesen Sie einen direkten Befehl, der in den meisten Fällen nicht oder nicht sofort Wirkung zeigen wird. Es hängt sehr von der Situation ab, und ob Sie grundsätzlich eine Abwehrhaltung Befehlen gegenüber haben oder nicht.

Bei B sieht es schon anders aus. Das Verlangen, sich zu kratzen, ist mit einer Handlung, die gerade wirklich passiert, verknüpft – während Sie da so sitzen und lesen, spüren Sie, wie es an verschiedenen Stellen langsam anfängt zu jucken und zu beißen ... und je mehr Sie darüber nachdenken, umso mehr werden Sie spüren, dass Sie dem Verlangen, sich zu kratzen, nicht widerstehen können. Diese Variante geht im sprichwörtlichen Sinne unter die Haut – ich bin immer noch am Kratzen ...

Dank Bishop verbreitete sich das »Muskellesen« auch in Europa und wurde unter anderem von Erik Jan Hanussen (1889–1933) erfolgreich angewendet. Hanussen wurde als Gedankenleser, Hypnotiseur, Astrologe und »Hitlers Hellseher« in ganz Europa bekannt. Obwohl er Jude war, suchte und fand er engen Kontakt zu den Nazis. Er gab sich als dänischer Aristokrat aus (eigentlich aber war er als Hermann Steinschneider in Wien geboren worden) und prophezeite 1932, dass Hitler innerhalb eines Jahres an die Macht gelangen werde. Angeblich gab er Adolf Hitler auch Unterricht in suggestiver Bühnenpräsenz, und in einer seiner Vorstellungen in seinem »Palast des Okkultismus« in Berlin sagte er den Reichstagsbrand voraus. 1933 wurde er von der SA aufgegriffen und erschossen. Es ist nicht eindeutig geklärt, wieso er ermordet wurde. Er besaß allerdings Schuldscheine von hohen SA-Führern, und zu diesem Zeitpunkt war auch schon bekannt, dass er Jude war, aber vielleicht wurde er ja auch einfach zu mächtig.

Als Kind habe ich einen Bericht über Hanussen gelesen und so zum allerersten Mal von der Kunst des Muskellesens erfahren. Seitdem hat mich die Technik des Kontakt-Gedankenlesens oder eben auch des Muskellesens fasziniert und nicht mehr losgelassen. Es gehört zu meinen Lieblingsmethoden, um die Gedanken eines Zuschauers zu lesen. Das Tolle daran ist, dass man damit wirklich die Gedanken (natürlich nur in einem beschränkten Rahmen) einer Person lesen (spüren) kann und damit ganz nah an ein wirkliches Gedankenlesen herankommt. Zusätzlich tut es der Verblüffung keinen Abbruch, wenn das Publikum die Methoden kennt, im Gegenteil, es verstärkt manchmal sogar noch den Effekt ...

Um die Basis des Muskellesens zu erlernen, braucht es zuerst einmal eine Versuchsperson, die offen und empfangsbereit an die Aufgabe mit Ihnen herangeht. Grundsätzlich ist nicht jede Person gleich gut geeignet, und machen Sie sich darauf gefasst, dass Sie am Anfang sicher öfters scheitern werden. Aber wenn Sie die richtige Person zum Üben gefunden haben, dann werden Sie schnell Erfolg haben, und mit der Zeit klappt es dann auch immer besser mit anderen Personen.

Breiten Sie auf einem großen Tisch ungefähr sechs unterschiedliche Gegenstände in einer Reihe so aus, dass zwischen den Gegenständen möglichst viel Platz bleibt. Ihr Freund soll sich nun in Gedanken für einen dieser Gegenstände entscheiden, und Sie sollten sich derweil keine Gedanken darüber machen, was er wohl ausgewählt hat. Dann stellen Sie sich rechts neben Ihren Freund und fassen mit der linken Hand (als Rechtshänder) sein

Handgelenk, oder Ihr Freund umfasst mit seiner rechten Hand Ihr linkes Handgelenk. Strecken Sie Ihre rechte Hand nach vorne in Richtung des Tisches.

Jetzt müssen Sie Ihrem Freund ganz wichtige Instruktionen geben, damit das Ganze funktioniert. Er soll Sie nun in Gedanken zum ausgewählten Objekt führen; natürlich nicht in einem physischen Sinne führen, aber in Gedanken soll er klare Anweisungen geben, ob Sie sich nach links, rechts, geradeaus oder rückwärts bewegen oder anhalten sollen. Er soll nichts laut aussprechen, aber in seinen Gedanken muss er ganz klar sein und sich nur darauf konzentrieren. Sie tun so, als ob Sie nur mit ihm Kontakt halten, um eine »telepathische« Verbindung zu haben, und lenken den Fokus auf Ihre freie rechte Hand. In Wirklichkeit brauchen Sie den Kontakt jedoch, um seine Gedanken zu »spüren«. Denn sein Körper wird Ihnen unbewusst muskuläre Signale senden. Wenn Sie sich zum Beispiel in die falsche Richtung begeben, werden Sie einen kleinen Widerstand spüren, und wenn Sie sich auf den richtigen Gegenstand zubewegen, dann spüren Sie entsprechend keinen Widerstand.

Wie Wasser gehen Sie einfach den Weg des geringsten Widerstandes, und Sie werden den richtigen Gegenstand schon bald finden. Bei manchen Personen ist die Muskelbewegung ganz, ganz fein, und man spürt sie nur nach sehr viel Training, und bei anderen Personen ist es ganz einfach. Wichtig ist, dass Sie sich jederzeit auf die Signale konzentrieren und Ihnen bewusst ist, dass sich diese ändern können.

Loten Sie so den Weg zum richtigen Gegenstand aus, lassen Sie sich nicht dazu verleiten zu raten (»Er hat sich sicher für die Uhr entschieden«), und entscheiden Sie sich erst für einen Gegenstand, wenn Sie sich sicher sind. Brechen Sie alles in Ja/Nein-Entscheidungen (und entsprechend links/rechts, vorwärts/rückwärts, stehen bleiben/weitergehen) runter, dann wird Ihr Freund keine Schwierigkeiten haben, klare Gedanken zu senden. Wenn er verwirrt ist oder verschiedene komplexere Sachen gleichzeitig denkt, haben Sie sehr schlechte Karten, den Gegenstand zu finden.

Wenn Sie dieses Konzept verstanden und damit die ersten Erfolge erzielt haben, können Sie sich an andere Aufgaben heranwagen.

Ihr Freund soll nun an irgendeinen großen Gegenstand im Raum denken, der zugänglich ist. Halten Sie wieder mit der linken Hand sein rechtes Handgelenk fest, oder lassen Sie ihn Ihr linkes Handgelenk fassen. Positionieren Sie sich etwas vor ihm, und strecken Sie wieder Ihre freie rechte Hand nach vorne. Geben Sie ihm wieder die unmissverständlichen Instruktionen, dass er Ihnen klar in Gedanken sagen solle, ob Sie sich nach rechts, links usw. zu bewegen haben.

Er soll dann an die erste Richtungsangabe denken, und Sie laufen zügig los. Sie führen ihn durch den Raum und spüren, wenn Sie in die falsche Richtung laufen, einen Widerstand, und wenn Sie auf dem richtigen Weg sind, wird er Ihnen mühelos folgen. Versuchen Sie Ihren linken Arm möglichst steif und immer gleich zu halten, dann können Sie die Impulse viel besser spüren.

Bei sehr suggestiven Menschen kommt es manchmal vor, dass die Sie direkt in die richtige Richtung »drücken«, bevor Sie überhaupt den Widerstand ausloten können, und es Ihnen somit sehr einfach machen. Es kommt einem dann fast so vor, als ob sie es bewusst machten, aber auch wenn Sie ihnen mehrmals sagen, dass sie auf keinen Fall physisch führen sollten, wird es keinen Unterschied machen, da die Signale unbewusst gesendet werden. Solange die Person fokussiert an die Aufgabe denkt, wird sie Signale senden.

Extra-Tipp:

Bevor Sie loslaufen, schauen Sie, in welche Richtung die Fußspitzen Ihrer Versuchsperson zeigen. In vielen Fällen zeigen die Füße schon unbewusst in die Richtung, in die Sie gehen sollen. Wenn andere Personen beim Experiment zusehen sollten, dann beobachten Sie auch diese, da sich eine beobachtende Person einerseits nicht selbst beobachtet fühlt und andererseits einfach durchs Mitfiebern und angesichts einer Erwartungshaltung oder von Neugier unbewusst Signale sendet. Es kann sein, dass Zuschauer von Anfang an in die Richtung des versteckten Gegenstandes sehen oder zumindest ihren Körper etwas mehr in diese Richtung ausgerichtet haben. Oder es verbreitet sich Unruh, wenn Sie ganz in der Nähe sind oder am Gegenstand vorbeilaufen sollten ...

Extra-Tipp fürs Lügenerkennen:

Beim Lügen kann man sich dies ebenfalls zunutze machen. Wenn eine ganze Gruppe die Wahrheit kennt, beobachten Sie nicht nur den Befragten, sondern auch die anderen Personen. Dies funktioniert sogar, wenn nur eine Person die Wahrheit kennt; wenn Sie eine Person befragen, die die Wahrheit sagt, wird sich der Lügner meistens zu erkennen geben, indem er ein besonderes Interesse zeigt, wie und was die befragte Person auf Ihre Frage antworten wird.

Grundsätzlich kann man durch Muskellesen alles herausfinden, solange man die Aufgabenstellung systematisch auf überschaubare Schritte herunterbricht und der Versuchsperson die richtigen Anweisungen gibt.

In den meisten Fällen verwende ich aber das Muskellesen insbesondere als ergänzende Technik zu anderen Methoden oder in spontanen Situationen eher im kleineren Rahmen. Da ergibt es eine schöne Eigendynamik, und ich kann mich komplexeren Aufgaben widmen. Im Theater oder im Fernsehen suche ich meistens einen versteckten Gegenstand (ein persönliches Objekt oder eine Stecknadel – die Stecknadel im Heuhaufen sozusagen) oder finde eine Person (jemand denkt an eine Person, und ich führe sie zusammen), da sich jeder in diese Situation gut hineinversetzen kann. In meiner TV-Serie *Der Gedankenjäger* durfte ein Mitarbeiter des höchstgelegenen Hotels der Schweiz heimlich in irgendeinem Zimmer einen persönlichen Gegenstand verstecken, und ich habe ihn gefunden. Oder wir hatten in einer Halle ca. zweihundert Gegenstände verteilt, und die Moderatorin Mona Vetsch sollte an drei dieser Gegenstände denken, die ich dann einen nach dem anderen gefunden habe. Bei *Stern TV* wiederum wurde ich einmal zu einem großen Einkaufscenter gefahren, in dem ich vorher noch nie gewesen war, und eine mir unbekannte junge Frau wurde gebeten, irgendwo dort ihren Ohrring zu verstecken, während ich unter Bewachung bei der Information wartete. Als die junge Frau wieder bei mir war, stellte ich den Kontakt her und lief los: Zuerst das richtige Stockwerk, dann der korrekte Flügel, und schlussendlich fand ich den Ohrring in einer Schublade in einem Kosmetikgeschäft mitten unter den falschen Fingernägeln wieder.

Auf www.TobiasHeinemann.com/Buch finden Sie übrigens eine Seite mit Video-Beispielen als Ergänzung zum Buch.

Das Schöne am Muskellesen ist, dass man es jederzeit und überall vorzeigen kann. Dennoch gibt es sehr wenige Künstler, die es erfolgreich vorführen. Das liegt einerseits an der Fallhöhe des Scheiterns, und andrerseits ist es nicht leicht, sich auf die Aufgabe zu konzentrieren und gleichzeitig die Spannung für das restliche Publikum aufrechtzuerhalten. Besonders in der heutigen Zeit, wo die Aufmerksamkeitsspanne des Publikums bekanntermaßen oft fast geringer ist als die eines Goldfisches.

Ich habe anfangs im Zusammenhang mit *Sherlock Holmes – Das Geheimnis um ...* erwähnt, dass meine vielen parallelen Interessen als Kind und Jugendlicher irgendwann zueinandergefunden haben und sich der Kreis immer mehr schloss bzw. die verschiedenen Talente und Fähigkeiten sich bestens ergänzten und unterstützten. So ist es auch beim Muskellesen gewesen. Beim Judo geht es darum, zuerst einen guten Griff zu bekommen, und um dann den Gegner werfen zu können, ist es sehr hilfreich zu spüren, in welche Richtung er möchte. Das bedeutet ein ständiges Ausloten, in welche Richtung es gehen sollte. Am besten wirft man den Gegner in die Richtung des geringsten Widerstandes. Im Gegensatz zum Judo aber braucht es beim Muskellesen Feinmotorik, der Ansatz ist jedoch der gleiche – man spürt, wohin die andere Person will und wohin nicht.

Auch wenn Sie das Muskellesen nie wirklich vorführen wollen, ist es doch eine sehr gute Konzentrationsübung, bei der Ihre Sinne geschärft werden, und Sie verbessern zugleich Ihre Kommunikationsfähigkeiten.

Hier noch einige einfache Übungen, um Ihre Sensorik zu verbessern: Putzen Sie als Rechtshänder zwei Mal in der Woche Ihre Zähne mit der linken Hand (als Linkshänder entsprechend mit der rechten). Versuchen Sie verschiedene Tätigkeiten mit geschlossenen Augen blind auszuführen. Essen Sie mal ein komplettes Abendessen blind, oder laufen Sie blind in Ihr Badezimmer, und greifen Sie dort nach der Zahnbürste und Zahnpasta, um Ihre Zähne zu putzen; ziehen Sie sich blind an etc. Und all dies mit möglichst keinen Fehlgriffen und Fehltritten. Es geht darum, zielstrebig zu sein, und nicht darum, sich langsam an etwas heranzutasten.

Besuchen Sie ein sogenanntes Dunkelrestaurant, bei dem man in absoluter Dunkelheit isst und von blinden Kellnern bedient wird. Das ist eine gute Sache und ein besonderes Erlebnis, nicht nur, weil man nichts sieht, sondern auch, weil man die Umgebung nicht kennt. In Zürich heißt das Konzeptrestaurant »Blinde Kuh«, aber es gibt unter den verschiedensten Namen solche Restaurants in vielen größeren Städten zu finden.

Sie trainieren dabei

- Ihre Beobachtungsgabe: Sie sollten mit einem »Blick« wissen, wo sich alles befindet;
- Ihre Vorstellungskraft: Stellen Sie sich alles bildlich vor Ihrem geistigen Auge vor – auch die Relationen und Abstände zwischen den einzelnen Gegenständen;
- Ihren Gleichgewichtssinn: Apropos: Versuchen Sie einmal, auf einem Fußballplatz mit geschlossenen Augen von einem Tor zum anderen zu gelangen – in den meisten Fällen werden die Rechtshänder stark nach links abdriften und die Linkshänder umgekehrt. Daher laufen wir ja auch im Kreis, wenn wir im Nebel die Orientierung verloren haben ...
- Ihren Tastsinn: Das Ertasten eines Gegenstandes ist das eine, aber die richtige Dosierung der Muskelkraft, um einen Gegenstand zu benutzen, ist blind auch ganz anders.

Experimente, bei denen ich mich meines Sehsinns »beraube« und mir die Augen verbinden oder meistens mit Panzer-Klebeband zukleben lasse, haben mich schon immer fasziniert. Eines meiner Markenzeichen ist sicher das Experiment, bei dem ich mit zugeklebten Augen eine Zeichnung von einer anderen Person nachzeichne. Während mir die Augen verklebt/verbunden werden, fertigt ein Zuschauer eine Zeichnung mit einem roten Stift an, und anschließend hält er mein rechtes Handgelenk fest, während ich mit einem schwarzen Stift seine Zeichnung möglichst genau nachzuzeichnen versuche (siehe Video-Seite www.TobiasHeinemann. com/Buch).

Als ich dies in der NDR-Talkshow mit Barbara Schöneberger machte, war eine Zuschauerin zusätzlich darüber verblüfft, wie ich blind mit einem Griff den schwarzen Stift aus der Tasche nahm und den Deckel abzog, um diesen dann gekonnt hinten auf den Stift zu stecken. Für diese Zuschauerin war schon dieser Teil der Vorführung ungewöhnlich, ein Vorgang, der für mich wiederum schon so lange normal ist, dass ich mich gar nicht mehr daran erinnern kann, wie es davor war. Ich musste da allerdings gleich an einen Auftritt denken, den ich einmal in einer Schule für blinde und sehbehinderte Kinder absolvierte.

Der Auftritt an sich war schon ein besonderes Erlebnis, aber das wirklich Unglaubliche war dann zu sehen, wie einige der Kinder so schnell und zielstrebig durch das Schulhaus und den riesigen Innenhof rannten, dass ich mich anstrengen musste, um ihnen zu folgen. Ohne es zu wissen, hätte in diesem Moment niemand ahnen können, dass diese Kinder völlig blind waren bzw. nur über eine sehr eingeschränkte Sehkraft verfügten. Die Umgebung, die Distanzen zwischen den Wänden, Tischen, Türen usw. waren ihnen so perfekt in Fleisch und Blut übergegangen, dass alles wie von allein ablief. Mein Auftritt dort diente auch dazu, die Kinder und ihre Eltern zu motivieren, sie zu inspirieren ... Am Ende jedoch haben die Kinder mich ganz unbewusst mindestens ebenso sehr inspiriert.

Wahrnehmung, Manipulation und Täuschung

Wie beeinflusse ich Menschen?
Mich eingeschlossen!

Auch wenn die »Zehntausend Stunden«-Regel – um ein Top-Experte in einer bestimmten Sache zu werden oder gewisse Fähigkeiten extrem auszubilden, müsse man mindestens diese Zeitspanne in bewusstes Training investieren, resümiert etwa Malcolm Gladwell in seinem Buch *Outliers: The Story of Success* (dt. Titel: *Überflieger: Warum manche Menschen erfolgreich sind – und andere nicht*) – nicht in jedem Bereich angewendet werden kann und schon oft auch widerlegt wurde, wohnt ihr doch ein wahrer Kern inne. Wie der Volksmund eben schon sagt: »Es ist noch kein Meister vom Himmel gefallen!« Sinnvolles und zielgerechtes Üben ist in vielen Zusammenhängen enorm wichtig, aber dies funktioniert natürlich nur in einem mehr oder weniger kontrollierten Umfeld.

Genauso wichtig – und in meinem Beruf sogar noch wichtiger – ist allerdings, die Fähigkeit zu haben, flexibel zu agieren und jederzeit sofort richtig reagieren zu können. Auf alles gefasst zu sein und gewissermaßen die Welle zu reiten, wie sie gerade kommt. Das fängt mit der richtigen Einstellung dahingehend an, ins kalte Wasser zu springen und bereit zu sein, Fehler zu machen, diese dann aber auch sofort zu analysieren und aus ihnen zu lernen. Wenn Sie immer versuchen, möglichst keine Fehler zu machen, und nie scheitern wollen, dann werden Sie sich nur langsam entwickeln und nach vorne bewegen. (In wirklich gefährlichen Situationen gilt dies aber natürlich nicht, da geht die Sicherheit immer vor.)

Für mich war Judo eine perfekte Lebensschule, besonders die Wettkämpfe. Mann gegen Mann: Der kleinste Fehler, und es ist vorbei. Im Kampf einen kühlen Kopf zu bewahren, seinen

»Schlachtplan« durchzuziehen, aber jederzeit und ohne zu zögern alles anpassen zu können, galt als oberste Tugend. Dies ist sicher ein Grund, warum ich auf der Bühne eigentlich nie nervös bin. Klar möchte ich auch, dass jedes Experiment immer optimal klappt und alles reibungslos abläuft, aber ich mache nicht alles am optimalen Ausgang fest.

Der Weg ist genauso wichtig wie das Endresultat, und mit der Akzeptanz, dass jederzeit etwas schiefgehen und ich nicht immer alles kontrollieren kann, kommt die Gelassenheit. Bevor es losgeht, habe ich damit schon meinen Frieden gemacht und muss dann im entscheidenden Moment keine Sekunde mehr darüber nachdenken. In der Vorbereitung visualisiere ich alle Szenarien, die mir in den Sinn kommen, und im Augenblick der Performance verschwende ich keine Sekunde mehr daran, was alles schieflaufen könnte. Ich konzentriere mich dann nur auf den Moment, die Situation und die Menschen; es geht nicht mehr darum, was einmal war oder sein könnte, und es geht auch nicht mehr um mich. Es geht darum, den Moment zu genießen und mit anderen zu teilen – und erst, wenn alles vorbei ist, in einer ruhigen Minute und alleine für mich, denke ich über den Erfolg, Misserfolg und Verbesserungen nach.

Nur wer etwas riskiert, macht Fehler; wer jedoch seine Fehler und Niederlagen mit Fassung ertragen kann, ohne sich aus der Situation herauszuwinden oder davonzuschleichen, und selbstkritisch aus seinen Fehlern lernt und sich diese auch sofort offen eingesteht, der hat nichts zu befürchten. Die Kunst liegt darin, zu wissen oder zu spüren, wann man vom fahrenden Zug abspringen muss ...

Kenne dein Publikum bzw.
deine Zielgruppe!

Je besser Sie Ihr Publikum/Ihre Zielgruppe kennen und verstehen, umso einfacher werden Sie es bei jeder Begegnung haben. Menschen wickeln viel eher einen Deal mit jemandem ab, den sie mögen, als mit einer »neutral« eingeschätzten oder gar einer unsympathischen Person. Am einfachsten ist es natürlich, wenn unser Gegenüber uns gleich sympathisch findet – optisch und auch sonst (da können wir natürlich etwas nachhelfen und »optimieren«), aber wenn es nicht gleich auf den ersten Blick »klick« macht, wird es dann auch schon schwierig. Der nächste Schritt wäre dann, möglichst schnell Gemeinsamkeiten zu finden, um einen guten Start hinzulegen.

In der Business-Welt versteifen sich dabei heutzutage sehr viele auf das Sammeln von Daten: Je mehr Informationen ich über meinen Kunden sammeln kann, umso besser – Big Data. Aber auch im privaten Bereich ist es schon üblich, sich vor, manchmal sogar während (auf der Toilette bzw. in einer kurzen Gesprächspause) oder zumindest nach einem ersten Zusammentreffen zu googeln. Sei es auf Facebook, LinkedIn oder anderen Plattformen im Internet: Wir finden unter Umständen sehr schnell eine Menge über eine Person heraus. Hobbys, »Likes«, Vorlieben, berufliche Laufbahn, Ausbildung, Verbindungen … Sicher kann uns dies einen kleinen Einblick in die Persönlichkeit des Gegenübers geben, aber einen viel besseren Eindruck bekommen wir von einer Person in einem Gespräch, wenn wir Fragen stellen und wirklich auch an den Antworten interessiert sind – Old-School-Style eben. Die meisten

Menschen lieben es, über sich selbst zu sprechen, und wenn der Gesprächspartner dann auch noch ernsthaft Interesse zeigt, dann fühlt man sich noch besser und wird den anderen umso mehr schätzen.

Klingt logisch und banal, aber in Wirklichkeit hören die meisten Menschen nicht richtig zu und stellen ihrem Gegenüber auch viel zu wenig Fragen. E-Mails, SMS, WhatsApp sind großartige Kommunikationsmittel, aber keine Alternativen, um im direkten Kontakt eine echte Verbindung zu knüpfen.

Auch wenn Sie nicht im klassischen Verkauf tätig sind, ist doch jeder von uns in der einen oder anderen Form ein Verkäufer/ein Vermarkter. Die einen verkaufen Produkte, die andern verkaufen/vermitteln eine Idee, eine Dienstleistung oder Wissen. Eltern wollen ihren Kindern ihre Werte vermitteln, und selbst ein Single auf der Suche nach der großen Liebe vermarktet sich auf die eine oder andere Weise. Jeder muss in seinem Leben einmal ein Interview oder Vorstellungsgespräch bei der Jobsuche durchstehen, und in den meisten Fällen hat das Interview den höheren Stellenwert im Vergleich zum Lebenslauf und den angepriesenen Qualifikationen. Verstehen Sie mich bitte nicht falsch: Ohne einen guten Lebenslauf und die nötigen beruflichen Qualifikationen kommt es normalerweise gar nicht erst zu einem Interview – aber dann wird eben fast immer der Kandidat oder die Kandidatin genommen, der/die den besten Eindruck und das beste Gefühl hinterlässt.

Chad Higgins und Timothy Judge (University of Washington bzw. University of Florida) haben erforscht, dass sich die Arbeitgeber im Nachhinein über die Bezugnahme auf den Lebenslauf, die Qualifikationen usw. selbst davon zu überzeugen versuchten, wieso jetzt gerade dieser Kandidat besser sei als der andere. In Wirklichkeit belügen sie sich dabei aber meistens selbst und entscheiden sich in fast allen Fällen (!) unbewusst für den Kandidaten, den sie als am angenehmsten empfanden und von dem sie dachten, dass er gut ins Team passe. Die Studien von Higgins und Judge zeigen klar auf, dass es letztlich viel wichtiger ist, bei einem Interview sympathisch rüberzukommen. Selbst offensichtliche Schwächen in der Qualifikation und des Lebenslaufs spielen keine so bedeutende Rolle, solange diese ehrlich angesprochen werden.

Ein natürliches, einnehmendes und sicheres Auftreten bringt Sie bei jedem Interview viel weiter als alles andere.

Hier einige Schlüsselfaktoren, die sich bewährt haben:

- Seien Sie freundlich, und zeigen Sie ein natürliches Selbstbewusstsein.
- Lächeln Sie oft, das steckt an, und wenn Ihr Gegenüber besser gelaunt ist, beurteilt er Sie automatisch auch besser. Halten Sie stets Augenkontakt (natürlich, aber nicht zwanghaft).
- Zeigen Sie Begeisterung mit Blick auf die angebotene Stelle und die Firma.
- Seien Sie interessiert, und fragen Sie nach, was für eine Person der Arbeitgeber sucht und wie die Stelle in die ganze Organisation passt.
- Zeigen Sie auf, was Sie für die Firma, die Mitarbeiter, den Interviewer an Mehrwert bringen können – dies muss übrigens nicht nur beruflicher Natur sein.

- Sprechen Sie auch nichtberufliche Dinge an, die Sie und der Interviewer gemeinsam haben (gleicher Name, Hobbys, Kinder etc. Das stellt sofort eine Bindung her).
- Machen Sie dem Interviewer ruhig ein Kompliment (allerdings dürfen Sie dabei nicht plump sein)!
- Finden Sie etwas, das Sie an der Firma wirklich mögen, und teilen Sie dies Ihrem Gegenüber mit.
- Wenn Sie einen Fehler machen, bleiben Sie ruhig – auch vor dem Hintergrund meiner langen Erfahrung bei Auftritten vor großem Publikum:

1. Fehler werden oft nicht oder nur von wenigen bemerkt, und wenn, dann meist erst dadurch, dass der Vortragende sich komisch verhält.

2. Je natürlicher und unaufgeregter Sie sich benehmen, umso weniger fällt ein Fehler ins Gewicht.

3. Wenn es klar ist, dass der Fehler bemerkt wurde, dann sollte man den Fehler sofort ansprechen – und anschließend weitermachen, als ob nichts gewesen wäre. Fehler passieren, weiter geht's. Sie werden souverän wirken, und der Fehler wird Ihnen nicht groß angelastet werden. Wenn Sie hingegen einen offensichtlichen Fehler verleugnen oder vertuschen wollen, führt das eher zu einer negativen Haltung Ihnen gegenüber – wie auch das Gegenteil davon, übereifriges und wortreiches Entschuldigen und Erklären. Der Fehler wird einem dann viel, viel stärker angekreidet, als er sollte.

- Wenn Sie eine Schwäche haben, dann sollten Sie diese gleich am Anfang offen ansprechen, und dann steigern Sie Ihren Auftritt dank positiver Aspekte und hören mit einem tollen Punkt auf – so wirken Sie ehrlich, offen und selbstbewusst, und die Schwäche gerät in den Hintergrund. Wenn Sie hingegen eine Schwäche erst am Schluss einbringen, wirkt es so, als ob Sie sie verheimlichen wollten (obwohl Sie sie ja selbst angesprochen haben), und der letzte Eindruck hinterlässt einen negativen »Beigeschmack«, der noch lange anhalten wird.

In meinem letzten Studienjahr in London ging ich möglichst oft zu »Open Auditions«, auch wenn ich die Rolle, die dort vergeben wurde, gar nicht wollte oder bereits wusste, dass ich nicht unbedingt für den Part geeignet war. Meine Motivation war, Erfahrungen zu sammeln und zu sehen, wie bei solchen Anlässen ausgefiltert und ausgesucht wird.

Da waren Auditions dabei, bei denen sich eine Schlange von Hunderten von Bewerbern gebildet hatte, alle mit einer Ausbildung, also nicht einfach nur Möchtegerns, die ab und zu unter der Dusche performten (wie bei vielen Castingshows), und oftmals wurden nur drei, vier »Jobs« vergeben. Da wurde dann im Schnellverfahren ausgewählt, und sehr oft ging es auch nur noch um den ersten Eindruck, darum, möglichst schnell die Bewerbergruppe auf ein Minimum zu reduzieren.

Viele Talente blieben da unentdeckt auf der Strecke, nur weil sie vielleicht nicht gleich so sympathisch wirkten. Gerade bei einem Musical, Schauspiel oder einer Tanzshow im West End von London, wo man so lange sehr intensiv auf engem Raum zusammenarbeitet, ist es enorm wichtig, dass man ein angenehmes Arbeitsklima schafft. Daher arbeiten auch so viele Regisseure immer wieder mit denselben Schauspielern – sicher liegt es auch am Talent, aber die allermeisten nehmen lieber einen Schauspieler, mit dem sie schon einmal positiv zusammengearbeitet haben und den sie kennen und schätzen, als einen neuen, der talentierter ist, aber auch unberechenbarer.

Becky, eine Mitstudentin von mir, hatte alle Vorteile, die man sich nur wünschen konnte. Sie kam aus gutem Hause, hatte einen umwerfenden Körper und ein natürlich schönes Gesicht; dazu war sie eine fantastische Tänzerin mit einer tollen Stimme und einer super Ausstrahlung. Sie bekam jede Rolle mit links, und alle lagen ihr zu Füßen. Persönlich war sie eine nette und liebenswerte junge Frau, aber nachdem sie bei zwei Jobs hintereinander negativ aufgefallen war – sie hatte bei einer Gelegenheit einen Choreografen vor der gesamten Truppe als unfähig bloßgestellt, indem sie ihn mehrfach in einer sehr belehrenden Art und Weise von oben herab auf Fehler aufmerksam machte, und beim anderen Mal auf ebenfalls eher unangenehme Art und Weise versucht, einen Regisseur von ihren Verbesserungsvorschlägen zu überzeugen –, sprach sich das schnell herum, und sie hat im Londoner West End von da an nie mehr einen Job bekommen. Sie musste die Stadt und dann sogar das Land verlassen, um eine Arbeit zu finden.

Verstehen Sie mich bitte nicht falsch, es geht hier nicht darum, im Strom mitzuschwimmen, sondern die Kunst besteht darin, sich treu zu bleiben, aber dennoch optimal einzubringen.

Aber sehen wir uns einmal genauer an, wie wir möglichst viele Informationen aus einer Person herausbekommen, die wir gar nicht kennen.

Cold Reading

Neben einer guten Beobachtungsgabe ist es auch wichtig, ein guter Zuhörer zu sein, der interessiert Fragen stellt. Wenn dann noch die Fähigkeit des »Cold Reading« hinzukommt – eine Ansammlung von Techniken und Strategien, die unter anderem von Hellsehern, Wahrsagern, Medien und Mentalisten verwendet werden –, können Sie schon unglaublich viel aus einer Ihnen absolut unbekannten Person herauslesen.

Im ersten Jahr meines Studiums in London hatte ich einen Mitbewohner aus Schottland in der WG: Robert, ein begnadeter Tänzer und Choreograf, der aus der rauen Gegend um Glasgow stammte. Er hatte lange Mühe, sich seine Homosexualität einzugestehen, da er in Glasgow auch ab und zu verprügelt worden war, wenn er als Tänzer geoutet wurde. Selbst seinem Vater hatte er lange verheimlicht, dass er Woche für Woche in den Tanzunterricht ging, um Berufstänzer zu werden.

Selbst im College unter vielen Gleichgesinnten – ich gehörte als Hetero einer Minderheit an – gab er sich zurückhaltend. Die meisten Menschen hätten auch nichts bemerkt, aber mit ein wenig Menschenkenntnis konnte man seine sexuelle Orientierung schon ahnen. Neben dem Ringen um sein Coming-out plagten ihn auch sonst noch die üblichen Karrierezweifel eines Tänzers, mit leicht depressiven Tendenzen.

Eines Tages ging er trotz meines Abratens zu einer Hellseherin zur Beratung. Ich bat ihn, die Session auf Tonband aufzunehmen, damit ich sie nachher analysieren könne. Da auch schon einige seiner Freunde bei der Hellseherin gewesen waren und ihm von deren Fähigkeiten vorgeschwärmt hatten, machte er sich mit einer Mischung aus Neugier, Respekt und Zweifel auf den Weg. Eher reserviert und etwas ängstlich verließ er die Wohnung; er hatte sich vorgenommen, objektiv zu bleiben und nicht zu viel zu plaudern, um der Hellseherin nichts von sich aus preiszugeben. Als er zurückkam, war er wie aufgedreht und restlos davon überzeugt, dass die Hellseherin wirklich übersinnliche Fähigkeiten besitze und er sein Leben von jetzt an etwas anders leben werde.

Als Beweis spielte er mir sofort die Aufnahme des Gesprächs vor, und obwohl ich ihm anhand dieser Aufnahme klipp und klar die verschiedenen Cold-Reading-Techniken, die die Wahrsagerin verwendet hatte, aufzeigen konnte, wollte er davon nichts wissen und war weiter von ihr überzeugt. Die Wahrsagerin, die übrigens nicht einmal eine gute Technik besaß – in den meisten Fällen ist dies auch nicht nötig –, hatte ihn völlig überzeugt.

Aus diesen eigenen Beobachtungen und Erfahrungen von Freunden und Bekannten, die schon Wahrsager besucht haben, zog ich verschiedene Schlussfolgerungen:

- Während ein Mentalist sehr zielorientiert vorgeht, ist es egal, wenn ein Hellseher bei ganz vielen Dingen falschliegt; solange auch nur ein wenig Glaube an die Sache vorhanden ist, kann er die Sache problemlos geradebiegen.

- Die meisten Menschen wollen, solange sie ein positives Erlebnis beim Hellseher oder Heiler hatten, gar nicht aufgeklärt oder eines Besseren belehrt werden.

- Gerade in der heutigen Zeit des beschleunigten technischen Fortschritts und in einer Ära, wo eigentlich jeder übers Internet Zugang zu unendlich viel Wissen hat, gibt es wieder einen richtigen Boom bei Esoterik. In den meisten Fällen kommt es einfach etwas anders verpackt daher als in der New-Age- und Hippie-Zeit, aber auch wenn es wie eine Business-Strategie vermarktet wird, sind es immer noch dieselben Muster und Techniken, die Anwendung finden. Die Gründe des Booms sind verschiedener Art: Sei es Überforderung durch die Globalisierung und die Schnelllebigkeit des Alltags oder ein Gefühl von Machtlosigkeit und Zukunftsangst ...

Doch was ist denn nun Cold Reading genau? Cold Reading (»kaltes Lesen« bzw. »kalte Deutung«; »kalt« im Sinne von »ohne Vorkenntnisse«/»vorbereitungslos«) ist ein Mix von Techniken und Strategien, mit denen jemand vorgeben kann, dass er viel mehr über eine ihm unbekannte Person weiß, als in Wirklichkeit zutrifft, und zusätzlich möglichst viele Informationen über diese Person aus dem Gespräch unbemerkt in Erfahrung bringen kann. Oftmals basieren die Techniken auf psychologischen Täuschungen. Das Vorgehen ist faszinierend, verblüffend und äußerst manipulativ. Es kann in persönlichen und geschäftlichen Beziehungen erfolgreich verwendet werden wie auch zur Vortäuschung des Umstands, dass man mit Verstorbenen in Kontakt treten oder im übernatürlichen Sinn Gedanken lesen könne. Das Wissen über diese Techniken kann Sie vor Betrug schützen, besonders vor dem abscheulichsten Betrug, dem angeblich übersinnlichen Kontakt zu einem verstorbenen oder entführten Kind.

Absolut ohne Vorkenntnisse kann ein guter »Cold Reader« aufgrund einer schnellen Analyse von Körpersprache, Alter, Kleidung, Geschlecht, Religion, Bildungsniveau, Dialekt, Herkunft, sexueller Orientierung, Tattoo usw. eine große Fülle an Informationen erhalten. Mit seiner Erfahrung in Menschenkenntnis und einer stereotypen Einteilung macht er seine ersten Aussagen und bleibt dabei meist vage bzw. ambivalent und sucht beim Gegenüber nach Bestätigungen.

Wenn er einen Treffer landet, verfolgt er diese Spur weiter und wird erst dann etwas konkreter. Wenn er aber falschliegt, kann er angesichts seiner ambivalenten oder vagen Aussagen schnell die Richtung wechseln und einen Fehler in einen Erfolg ummünzen.

Cold-Reading-Techniken werden bewusst oder auch unbewusst von sogenannten Psychics (Hellsehern, Wahrsagern, Handlesern, Medien, Astrologen, Grafologen ...), Scharlatanen, Heilern, Lebensberatern, Verkäufern, Verhandlungsführern und auch Mentalisten etc. verwendet. Je nach Einsatzgebiet wirken die Techniken sehr verschieden, doch der Hauptunterschied liegt sicher darin, was der »Reader« mit diesen Techniken bezwecken möchte: Was ist seine Absicht und seine Moral dahinter. Ein »Psychic« möchte seinen »Sitter« (sein Subjekt, seinen Kunden) durch Cold Reading und eventuell andere Methoden von seinen übersinnlichen Fähigkeiten überzeugen, mit denen er zum Beispiel vorgibt, je nachdem, was seine Spezialität ist, in die Zukunft oder Vergangenheit sehen, Menschen durch Handauflegen heilen oder mit Toten kommunizieren zu können.

Ein Verkäufer wiederum möchte seinen Kunden nur möglichst schnell und gut kennenlernen, damit er ihm das Richtige verkaufen kann oder ihn leichter dazu bringt, sich für etwas zu entscheiden, das er ansonsten vielleicht gar nicht oder nicht bei ihm gekauft hätte. Wenn der Verkäufer die Wünsche, die Ängste und das Verlangen des Kunden kennt, dann hat er eine viel größere Chance, einen Rapport (eine Bindung) aufzubauen und schlussendlich den Verkauf abzuschließen.

Ein Mentalist hingegen möchte sein Publikum verblüffen und unterhalten und spricht normalerweise sehr offen darüber, dass er Techniken und Methoden zum Gedankenlesen verwendet, oder es ist zumindest aus dem Theater- bzw. Show-Kontext klar, dass es sich hier zumindest teilweise um Fiktion und die Illusion von übersinnlichen Fähigkeiten handeln muss, selbst wenn der Mentalist manches aus dramaturgischen Gründen extra vage oder ambivalent lässt.

Ein »Cold Reader« bedient sich sehr oft bei den üblichen Stereotypen, aber er verpackt das Feedback sprachlich so gut, dass es nicht auffällt.

Hier einige der verbreitetsten Cold-Reading-Techniken:

Forer-Effekt bzw. Barnum-Aussagen

Lesen Sie den folgenden Text genau durch, und stellen Sie sich dabei vor, dass Sie diesen Text nach einem Persönlichkeitstest als Resultat/Analyse erhalten haben. Bewerten Sie für sich, wie zutreffend Sie sich in den Aussagen charakterisiert finden, auf einer Skala von null bis fünf (0 = überhaupt nicht zutreffend und 5 = sehr zutreffend).

»Sie brauchen die Zuneigung und Bewunderung anderer, dabei neigen Sie zur Selbstkritik. Zwar hat Ihre Persönlichkeit auch einige Schwächen, doch können Sie diese im Allgemeinen gut ausgleichen. Sie haben beträchtliche Fähigkeiten, die brachliegen und nicht zu Ihrem Vorteil eingesetzt werden. Äußerlich diszipliniert und kontrolliert, fühlen Sie sich manchmal auch unsicher und machen sich Sorgen. Mitunter zweifeln Sie an der Richtigkeit Ihrer Entscheidungen. Sie bevorzugen ein gewisses Maß an Veränderung und sind unzufrieden, wenn Sie von Verboten und Beschränkungen eingeengt werden. Sie sind stolz auf Ihr unabhängiges Denken und nehmen anderer Leute Aussagen nicht unbewiesen hin. Sie erachten es als unklug, sich anderen zu freimütig zu öffnen. Manchmal verhalten Sie sich extrovertiert, leutselig und aufgeschlossen, während Sie zu anderen Zeiten auch introvertiert, skeptisch und zurückhaltend sein können. Ihre Wünsche scheinen mitunter eher unrealistisch.«

Erkennen Sie sich wieder? Wie zutreffend waren die Aussagen?

Der Psychologe Bertram R. Forer führte 1948 einen angeblich klassischen Persönlichkeitstest mit seinen Studenten durch, bei dem er jedem von diesen erklärte, dass er am Schluss eine kurze, auf ihn zutreffende Auswertung bekommen werde.

Eine Woche nach dem Test händigte Forer jedem Studenten eine individuelle Analyse aus, die sie, wie oben skizziert, mit Noten zwischen null und fünf bewerten sollten. In Wirklichkeit aber hatte jeder Student den haargenau selben Text erhalten. Das Feedback, das auch Sie gerade gelesen und mit Blick auf Ihre Person bewertet haben, hatte Forer aus einem Astrologie-Buch abgeschrieben und seinen Studenten als individuelle Charakterisierung »verkauft«.

Im Durchschnitt gaben die Studenten die Bewertung 4,26 ab; bei einer Maximal-Bewertung von fünf ist dies schon mehr als erstaunlich.

Nachdem alle ihre Noten abgegeben hatten, ließ Forer die Katze aus dem Sack und klärte die Studenten auf, dass sie alle denselben Text erhalten hätten und dieser aus einem Astrologie-Buch vom Kiosk stamme. Der Text ist, wie leicht ersichtlich, mit vagen und allgemeinen Aussagen versehen, damit er auf beinahe alle Menschen zutrifft ...

In einer anderen Studie führte Forer einen Persönlichkeitstest mit anderen Studenten durch und gab ihnen am Ende zwei Analysen zur Lektüre mit, einmal eine korrekte Auswertung des Tests und anschließend eine getürkte Auswertung wieder mit Texten aus dem Astrologie-Buch. Die Aufgabe der Studenten lag nun darin zu beurteilen, welche der Analysen die richtige war und welche sie besser beschreiben würde. Mehr als die Hälfte (59 Prozent) gab an, dass die nicht zutreffende Analyse, die aus dem Astrologie-Buch, die richtige und diese zutreffender als die andere sei.

Beide Tests wurden seitdem hundertfach wiederholt – immer mit dem mehr oder weniger gleichen Resultat. Menschen haben also offensichtlich die Tendenz, Persönlichkeitsbeschreibungen, die eigentlich auch auf sehr viele andere Menschen, ja fast jeden, zutreffen, als höchst richtig einzustufen. In der Wissenschaft wird diese Tendenz als Forer-Effekt (oder auch Barnum-Effekt) bezeichnet, und sie gilt auch als teilweise Erklärung dafür, warum Pseudowissenschaften wie Astrologie, Grafologie, Handlesen, das Legen von Tarotkarten ... so gut funktionieren. Einerseits bestehen die Äußerungen und Feedbacks aus so vagen und allgemeingültigen Aussagen (sogenannten Barnum-Aussagen, nach dem amerikanischen Zirkuspionier, Politiker und Geschäftsmann P. T. Barnum [1810–1891] – dem »King of hype«, dem großartigsten amerikanischen Showman und »Hoaxer« des 19. Jahrhunderts – benannt), dass man sich damit nicht festlegt und dennoch vermeintlich jemanden charakterisiert, andererseits aus höchst ambivalenten Aussagen, die so oder so zu verstehen sind und auf alle irgendwie zutreffen – oder auch einfach nur aus Komplimenten, die jeder gerne hört.

Analysieren wir einmal solche Barnum-Aussagen wie etwa im genannten Beispiel:

1. Die meisten Aussagen im oben abgedruckten Text, den Forer verwendete, sind so allgemein gehalten, dass sie in jedem Fall zutreffen: »*Mitunter zweifeln Sie ernstlich an der Richtigkeit Ihres Tuns*« – wer macht das nicht ab und zu?

2. Schmeichelhafte Aussagen, die nicht zu hundert Prozent passen, akzeptieren wir bereitwillig und empfinden sie trotzdem als zutreffend: »*Sie sind stolz auf Ihr unabhängiges Denken*« – na klar, wer sieht sich selbst schon gern als Mitläufer ohne eigene Meinung?

3. Wir akzeptieren ohne Probleme, was unserem Selbstbild entspricht, und filtern alles andere unbewusst aus. Zurück bleibt

ein stimmiges Gefühl und Selbstporträt. Dieses Phänomen nennt man in der Kognitionspsychologie »Bestätigungsfehler« (oder »Confirmation Bias« bzw. »Pollyanna Principle«).

4. Es stehen keine direkten Negativaussaugen im Text (»Feature Positive Effect«). Es wird also nicht beschrieben, was jemand nicht ist oder was bei ihm fehlt.

5. Und wenn etwas Negatives Erwähnung findet, dann wird dies gleich wieder relativiert. *»Zwar hat Ihre Persönlichkeit auch einige Schwächen, doch können Sie diese im Allgemeinen gut ausgleichen.«*

6. Klare Statements werden etwas in »Watte« gepackt und am besten auch gleich noch mit dem Gegenteil abgeschwächt, sodass die Aussage insgesamt alles und nichts bedeuten kann. *»Manchmal verhalten Sie sich extrovertiert, leutselig und aufgeschlossen, während Sie zu anderen Zeiten auch introvertiert, skeptisch und zurückhaltend sein können.«*

Das Ganze funktioniert nur dank der Gutgläubigkeit und des Selbsttäuschungseffekts, der gerade bei geschriebenen Texten, die wir selbst lesen, noch stärker zum Vorschein kommt.

Stock Reading

Wir alle haben ähnliche Sorgen und Unsicherheiten, daher wägt ein »Psychic« zuerst einmal ab, in welchem Lebensabschnitt sich sein »Sitter« (Kunde) befindet. Dann geht er vom Allgemeinen zum Besonderen über, das heißt, er stülpt typische »Wahrheiten« wie etwa die Midlife-Crisis in einem bestimmten Alter der konkreten Fallanalyse des vor ihm sitzenden Besuchers über.

Sogenannte Stock Lines geben dem »Psychic« ein Sicherheitsnetz an die Hand: Wenn er also einmal Schwierigkeiten haben sollte, greift er einfach immer wieder auf bewährte und einstudierte Sätze zurück, die »ankommen«. Außerdem gibt es unzählige Astrologen, Grafologen oder Handleser, die selbst an Übersinnliches glauben und aus Büchern oder im Rahmen von Kursen einfach fertige »Stock Readings« (pfannenfertige Systeme und Textpassagen mit Pauschalwahrheiten) auswendig gelernt haben und diese – ohne die Mechanismen dahinter zu verstehen – weitergeben. Dies passiert aber nicht nur bei Wahrsagern und Tarotkarten-Legern, sondern man sieht es auch durch die Bank bei vielen Hypnotiseuren, Therapeuten und selbst bei Beratern und Analysten. Die dann unbewusst einfach ungefiltert die gelernten Texte bzw. Sätze anwenden.

Am einfachsten ist es ja immer, wenn man über die Zukunft spricht, da der »Psychic« oder Berater da eigentlich gar nicht danebenliegen kann. Selbst ein Finanzberater Ihrer Bank muss am Ende, wenn etwas schiefgehen sollte, keine Verantwortung übernehmen – wer kennt schon die Zukunft? –, aber er gaukelt Ihnen dennoch genau dies vor, als ob er in die Zukunft sehen könnte. Und selbst wenn er sehr seriöse Modell- und Marktanalysen verwendet, können Sie davon ausgehen, dass er in den meisten Fällen die Sache nicht wirklich ganz versteht und im Prinzip einfach eine »Stock-Analyse« von sich gibt, die er von einem Vorgesetzten bzw. einem Spezialisten bekommen hat.

Hier ein Beispiel für eine solche »Stock-Analyse«:

»Die Aktie ... hat ein erhebliches Steigerungspotenzial, auch in einem globalisierten Konkurrenzumfeld. Der Firma fehlt es bloß noch an Umsetzungskraft, um die Ideen der Entwicklungsabteilung voll zu realisieren. Das Management besteht aus branchenerfahrenen

Profis, und ein Blick auf die Erfolgsrechnung zeigt eindeutig, dass auch noch Sparpotenzial besteht. Wir raten der Firma, die Schwellenländer noch stärker in den Fokus zu rücken, um den Marktanteil auch in Zukunft zu sichern ...«

Liest sich doch gut und ist auch nichts anderes, als was Sie von einem Astrologen aufgetischt bekommen.

Bevor wir uns weitere Techniken ansehen, noch ein kurzer Blick meinerseits in die Zukunft. *»Es stehen größere Veränderungen an im Moment, die sowohl Vergangenes als auch das, was in den nächsten Monaten passieren wird, betreffen.«* Alles klar?!

Das Spektrum
des Cold Reading

Das war aber noch nicht alles ... Nein, war es nicht. Auch wenn die Masse der »Psychics« (im Rahmen von Zeitungshoroskopen, dem Kartenlesen auf dem Shopping-Kanal usw.) sich nur mit den schon besprochenen Methoden durchwurstelt, haben die wirklich guten »Cold Reader« natürlich viel mehr auf Lager und können auch sehr intelligente, kritische und gebildete Personen, die nichts für die übliche New-Age-Esoterik übrighaben, im rechten Moment »abkochen«. Je nachdem, ob es sich um eine Eins-zu-eins-Sitzung oder eine Massenveranstaltung handelt, sind der Ablauf und das Set-up allerdings ein wenig verschieden. Beim Set-up geht es in erster Linie darum, das Eis zu brechen und den Kunden schon einmal von sich zu überzeugen. Ein »Reading« dreht sich dann immer um eines oder mehrere oder sogar alle der Grundthemen, die uns immerzu beschäftigen; als da wären:

LIEBE: Beziehungen und Romanzen
GELD: materieller Wohlstand
KARRIERE: berufliche Weiterentwicklung
GESUNDHEIT: allgemeines Wohlbefinden

Weitere Unterthemen, die aber in der Praxis nicht ganz so wichtig sind, wären:

AMBITIONEN: Hoffnungen und Träume
AUS- UND WEITERBILDUNG: das Verlangen, etwas Neues zu lernen oder auszuprobieren

REISEN: kann als Reise von A nach B ausgelegt werden, aber auch einfach als eine starke Veränderung – vom Single in eine Beziehung ...

Ein guter »Cold Reader« folgt dabei nicht einem fertigen Skript, sondern verwendet clevere Strategien und Techniken, mit denen er den Kunden davon überzeugen kann, dass er übersinnliche Fähigkeiten oder sonst etwas Vergleichbares besitzen muss. Zuerst wird der Kunde durch »Fakten«, die der »Psychic« nicht wissen kann, überzeugt, und wenn er dann erst einmal überzeugt ist, kann ihm – besonders vermittels des Themas Zukunft – das Blaue vom Himmel herunter erzählt werden.

Elemente des Charakters

Hier geht es um die Persönlichkeit des Kunden:

Komplimente: Es werden Aussagen verwendet, die dem Kunden auf subtile Art und Weise schmeicheln. Ein verstorbener Bruder etwa lässt ausrichten, dass selbst wenn er es zu Lebzeiten nicht immer so ausgedrückt habe, er ihn (den Kunden) immer bewundert habe ...

»**Rainbow Ruse**«: Hier wird die ganze Palette aufgeboten. »*Ich würde sagen, dass Sie im Ganzen eher eine ruhige, selbstreflektierende Person sind, aber wenn die Umstände stimmen, dann können Sie auch ein ganz schöner Partytiger werden, sofern Sie in der richtigen Stimmung sind.*«

Oder: »*Sie sind eine warmherzige und rücksichtsvolle Person, aber wenn jemand Ihr Vertrauen missbraucht, können Sie auch so richtig wütend werden.*«

Verbale Gabeln: Der »Psychic« macht hierbei entweder eine Barnum-Aussage, oder er äußert sogar »harte« Fakten und erhält vom Kunden ein »Nein«. Dies kann ein explizites »Nein« sein, oder der »Psychic« erkennt sofort nach seiner Aussage aufgrund der Körpersprache, dass er keinen Treffer gelandet hat, und leitet entsprechend das Gespräch sofort in eine andere Richtung, bevor der Kunde sein Nein aussprechen kann. »*Manchmal bringt Sie Ihr Temperament in Schwierigkeiten.*« Eine sehr allgemeingültige Aussage, und wenn diese Aussage auf eine starke Übereinstimmung trifft, wird alles schön ausgeschmückt: »*Nicht, dass es unangemessen wäre* (immer schön positiv bleiben), *aber Personen in Ihrem Umfeld wissen nicht, wie sie damit umgehen sollen, daher ist es wichtig, sich damit zu beschäftigen, um neue Beziehungen wachsen zu lassen ...*«

Wenn die erste Aussage aber ein »Nein« auslösen sollte, dann kann es so gedreht werden: »*Natürlich nicht im Sinne von Schreien oder Hysterischwerden, ganz im Gegenteil, von außen betrachtet bewahren Sie einen kühlen Kopf und stehen über den Dingen. Das ist sehr stark von Ihnen* (Komplimente machen sich immer gut). *Aber innerlich, wenn Personen, die Ihnen nahestehen, Sie wütend machen, dann haben Sie Konversationen in Ihrem Kopf mit sich selbst und Schwierigkeiten dabei, einzuschlafen, weil Sie sich darüber den Kopf zerbrechen. Ihre äußere Kontrolle führt zu innerlichem Druck, der Sie belastet. Aufbrausende Personen, die nach ihrem Ausbruch alles einfach vergessen, finden Sie lächerlich, aber Sie beneiden diese manchmal auch ein wenig.*«

»*Sie haben ein starkes Bedürfnis, geliebt und bewundert zu werden, und suchen auch Lob für Ihre Errungenschaften.*« Wenn der Kunde dem verbal oder nonverbal zustimmt, dann bringt der »Psychic« ein langes ausgeschmücktes Statement zu diesem Thema.

Da können sich dann Fakten, Aussagen, Ratschläge und (auch) Fragen in einem Wechselspiel zu einem beeindruckenden Ergebnis hochschaukeln. Wenn der Kunde nicht damit einverstanden ist, dann fährt der »Psychic« gleich fort: »*Aber Sie haben gelernt, diese Tendenzen unter Kontrolle und versteckt zu halten – unbewusst unterdrückt, könnte man sagen. Oft streichen andere Lob ein, das eigentlich Ihnen zustünde, ohne darauf hinzuweisen oder ein großes Theater darum zu machen. Es reicht Ihnen meistens, im Stillen zu wissen, was Sie geleistet haben und wer eigentlich dafür gelobt werden sollte.*«

Lebensabschnitte: Wir alle wollen glauben, dass wir sehr individuell und einzigartig sind, und in vielen Dingen sind wir das ja auch. Aber wir alle gehen durch die gleichen Lebensphasen. Es ist wie bei Babys und Kleinkindern, deren Wachstum man sehr genau in Entwicklungsstufen einteilen kann.

Bei Erwachsenen geht es hingegen mehr darum, was die Ziele und die jeweiligen Probleme eines Lebensabschnitts sind. Gail Sheehy beschreibt in ihrem Buch *Passages: Predictable Crises of Adult Life* aus dem Jahr 1976 (dt. Titel: *In der Mitte des Lebens: Die Bewältigung vorhersehbarer Krisen*), dass wir uns alle beim Älterwerden in voraussagbare Muster begeben. Diese voraussagbaren Muster können grob in Dekaden eingeteilt werden, in denen wir uns alle mit den gleichen Sorgen, Problemen und Belohnungen herumschlagen.

Die experimentellen 20er (18 bis 30 Jahre):
- sich ausleben, erste große Freiheit, von zu Hause auszuziehen, abenteuerlustig ...
- Ausbildung, Jobsuche, Karrierebeginn ...
- Suche nach Stabilität

- erste ernsthafte Beziehungen, eventuell um die dreißig Heirat und Kinder (heutzutage je nach Ausbildung auch viel später)

Die turbulenten 30er (31 bis 40 Jahre):
- unabhängig, finanziell stabiler, kompetenter, mehr Verantwortung
- wenn verheiratet mit Kindern: Alles dreht sich um die Familie
- vielleicht Druck, sesshaft zu werden, Hauskauf
- Die Lust auf Abenteuer ist noch da, aber weniger Zeit und Möglichkeiten
- das erste Mal spüren, dass man alt wird, man trauert seiner Freiheit nach ...
- Drang nach Veränderung

Die blühenden 40er (41 bis 50 Jahre):
- Die Zeit läuft, jetzt muss es mit der Karriere klappen; Gas geben im Job, mehr Druck, Dinge auf die Reihe zu bringen
- Wo ist die Zeit geblieben? Noch nicht bereit, »so« alt zu sein
- Wer nicht glücklich ist mit dem Job, macht eine Weiterbildung oder wechselt die Branche, eventuell Unsicherheit, ob man es denn geschafft hat, konnte man die Ziele und Träume verwirklichen?
- mehr Geld, mehr Hobbys, mehr unnötiges »Spielzeug«
- beim Partner bleiben oder sich noch einmal neu ausrichten? Midlife-Crisis
- starker Fokus auf die Familie

Die brennenden 50er (51 bis 65 Jahre):
- Selbstvertrauen, Akzeptanz, keine Sorge, was andere über einen denken

- Weitergabe von Wissen, daran denken, etwas zu hinterlassen
- Ende der Midlife-Crisis, neue Leidenschaften entdecken, etwas Kreatives ausprobieren
- Ehrenamtliches Engagement und Hobbys werden wichtiger, über den Sinn des Lebens nachdenken, was ist meine zukünftige Rolle? Sich mehr um die Eltern kümmern (müssen), Geld für die Pensionierung beiseitelegen

Die Pensionisten (65 ...):
- eventuell Teilzeitjob oder noch so lange wie möglich arbeiten
- Reisen, Träume verwirklichen, mehr Freiheit, kein Druck mehr, Gelassenheit
- Anpassungsschwierigkeiten, keine fixe Routine mehr
- neue Rolle als Großeltern
- Frage nach der Gesundheit wird wichtiger, sich übers Ende Gedanken machen

> *»Wenn Sie ehrlich mit sich sind, dann denken Sie ab und zu darüber nach, was aus all den Träumen geworden ist. Die wundervollen Ambitionen, die Sie hegten, als Sie noch jünger waren. Ich vermute, ganz tief im Inneren gibt es den Gedanken, dass Sie manchmal einfach aus allem aussteigen möchten, um noch einmal von ganz vorne anzufangen ...«* Solche Arten von Aussagen, passend zum Lebensabschnitt des Kunden, können zum richtigen Zeitpunkt eine starke Wirkung ausüben. Wer zur richtigen Zeit auf die skizzierten Stereotype zurückgreift, in denen natürlich auch Wahrheit steckt, der hat es in der Hand, den anderen von sich zu überzeugen.

Fakten

Vage Fakten: »*Ich sehe eine Verbindung mit Amerika.*« Das kann alles sein: eine Reise, ein Hobby, etwas Berufliches, ein Freund/Verwandter oder einfach ein politisches Interesse am aktuellen Geschehen. Geschickt eingesetzt, wird der Kunde einen Link für sich finden und die Situation passend machen – später wird er sich daran erinnern, dass der »Psychic« ganz genau wusste, dass er gerade eine große USA-Reise plante ...

Gut geraten: Ab und zu wirft der »Psychic« auch einfach mal etwas in die Runde, um zu sehen, ob es »kleben« bleibt. »*Ich sehe ein blaues Auto vor Ihrem Haus ... bedeutet Ihnen der Name Paul etwas ...*« Der Kunde wird einen Zusammenhang finden und oftmals auch diesen Zusammenhang ausplaudern. »*Mein Onkel hieß Paul, aber er und mein Vater sprachen schon lange vor seinem Tod nicht mehr miteinander.*« So etwas wäre dann natürlich eine Steilvorlage für den »Psychic«, und am Ende wissen die Kunden nicht mehr, dass sie selbst immer wieder so viele Informationen preisgegeben haben. »*... jetzt ergibt alles einen Sinn, da mir Ihr Vater vorher mitgeteilt hat, dass er es zutiefst bereue, mit Paul nicht alles aus dem Weg geräumt zu haben, aber nun ist alles wieder gut ...*«

Trivia-Statistiken: Das sind Aussagen über triviale häusliche und persönliche Details, die auf viele zutreffen. Im richtigen Moment eingesetzt, sind solche »Lines« Gold wert. Da der Kunde, besonders wenn er schon überzeugt ist, die Lücken füllt und dann das Gefühl hat, dass der »Psychic« nicht nur den erwähnten Fakt kennt, sondern auch die ganze Geschichte drum herum. Der Kunde ergänzt in seinen Gedanken die einzelnen Teile und lässt so ein Gesamtbild entstehen, das der beste »Cold Reader« auf der Welt nicht hätte entwerfen können. Es ist wie bei einem guten Regisseur oder auch bei meinen Shows, wenn die »Samen« richtig gepflanzt werden und die Impulse perfekt gesetzt werden – dann beginnt beim Gegenüber das Kopfkino, und es kreiert für sich eine Illusion, die viel fantastischer und perfekter ist als das, was es gehört und gesehen hat.

Dankbare Aufhänger sind zum Beispiel:

- eine Schachtel alter Fotos, die noch nicht sortiert und in Alben eingeklebt sind
- alte Medikamente, die schon lange abgelaufen sind
- elektronische Geräte, die zwar kaputt sind, aber nie repariert oder weggeworfen wurden
- Schlüssel, die nicht gebraucht werden und bei denen man vergessen hat, für was sie ursprünglich gebraucht wurden
- Musikinstrumente, die die meisten von uns als Kind gespielt, aber später in die Ecke gestellt haben
- Die meisten Männer haben einen Anzug im Schrank hängen, der ihnen nicht mehr passt
- Die meisten Frauen haben ein Kleidungsstück im Schrank hängen, das sie noch nie getragen haben
- Die meisten Frauen besitzen einen einzelnen Ohrring; der fürs andere Ohr ist verloren gegangen
- Die meisten Menschen haben oder hatten eine Narbe am linken Knie
- Die meisten Menschen waren als Kind irgendwie in einen Unfall verwickelt, bei dem Wasser eine Rolle spielte
- eine kaputte Uhr in einer Schublade ...

»Ich bekomme den Eindruck, dass Sie in jungen Jahren sehr interessiert an und talentiert in einer Sache waren. Ich habe das Gefühl, es

war etwas Kreatives oder etwas Künstlerisches, bei dem Ihre Eltern das Gefühl hatten, dass Sie es sehr weit hätten bringen können, aber es sollte einfach nicht sein.«

Fragen

Oft wird am Anfang einer Sitzung auch einfach ganz frech nach dem Problem und dem Grund des Besuchs gefragt. *»Erzählen Sie mir: Was bedrückt Sie? Was schwirrt in Ihrem Kopf herum? Wieso sind Sie hier?«*

Wenn dies mit einer frappierenden Selbstverständlichkeit und viel Selbstvertrauen vorgetragen wird, geht es bei den meisten Kunden reibungslos durch, und der »Psychic« bekommt schon so viele Ansätze und Fakten von Anfang an geliefert, dass er daraus leicht eine erfolgreiche Session machen kann.

Es gibt auch einen praktischen Ansatz dabei. *»Da es Ihre Zeit und Ihr Geld ist, können Sie bestimmen, wie wir dies handhaben sollen. Es gibt zwei verschiedene Ansätze, wie so eine Session am Anfang ablaufen kann. Entweder ich nehme mir die Zeit und versuche zu erspüren* (mit der Geisterwelt in Kontakt treten oder was immer der entsprechende »Claim« ist: Tarotkarten, Aura ...), *welche Bereiche Sie behandeln möchten, um dann auf spezifische Probleme einzugehen. Oder Sie erzählen mir kurz, was das Problem ist und wo der Schuh drückt, und wir können dann gleich richtig loslegen. Ich bin dazu da, Ihnen zu helfen und zuzuhören.«*

Manchmal wird auch direkt nach einem konkreten Bereich gefragt: *»Sind Sie glücklich mit Ihrer Karriere, oder gibt es da Probleme?«* Das Gleiche gilt für die anderen Themen (Liebe, Geld, Gesundheit).

Neben den direkten Fragen gibt es jedoch auch subtilere Arten des Fragens.

Nach einem längeren und erfolgreich abgelieferten Statement wird einfach am Schluss noch locker eine Frage drangehängt. Die Idee dahinter ist, dass man den Kunden mit einem längeren Statement wirklich beeindruckt und so ein Mitteilungsbedürfnis in ihm auslöst. Wenn jetzt am Ende der Aussage einfach noch flockig eine »Übergangsfrage« drangehängt wird, kommt der Kunde ins Erzählen, und es ergibt sich eine Konversation. Der Kunde kann sich am Schluss nicht mehr erinnern, was er dabei alles selbst erzählt hat, und bricht im Glauben auf, dass der »Psychic« alles Wichtige schon wusste, bevor er selbst mit ihm darüber gesprochen hat.

Etwa:

- »... *warum, glauben Sie, ist dies so?*«
- »... *ergibt dies einen Sinn für Sie?*«
- »... *verstehen Sie, was ich damit gemeint habe?*«
- »... *Sie können sich damit identifizieren, nicht wahr?*«

Auch negative Fragen, die auch noch etwas ambivalent formuliert oder betont werden, können immer als Treffer verkauft werden und sind daher sehr nützlich und eine starke Waffe:

- »... *bei Ihrem Job sind Sie nicht Ihr eigener Chef?*«
- »*Nein, bin ich nicht.*«
- »*Nein, dachte ich auch nicht. Ich hatte das starke Gefühl, dass Sie nicht zu dieser Gruppe von Menschen gehören, aber manchmal würden Sie es sich wünschen, dass Ihnen niemand dreinreden würde ...*«

Oder:

- »... *bei Ihrem Job sind Sie nicht Ihr eigener Chef?*«

- *»Doch, bin ich. Ich bin schon seit ... selbstständig.«*
- *»Ja, dachte ich mir schon. Ich spüre bei Ihnen ein starkes Verlangen nach Selbstbestimmung.«*

Je nach Reaktion wird das Gespräch fortgesetzt.

Zukunft

Aussagen über die Zukunft sind sicherlich die Butter auf dem Brot für alle »Psychics«. Einerseits möchten die meisten Menschen gerne wissen, wie ihre Zukunft sein wird oder aussehen könnte, andererseits kann man bei Fragen über die Zukunft nicht viel falsch machen, da es in vielen Fällen – sofern der »Psychic« nicht gerade konkret voraussagt, was in den nächsten Stunden alles eintreffen wird – nicht überprüfbar ist. Und selbst wenn etwas nicht eintreffen sollte, dann ist dies nicht schlimm und kann ganz einfach im Nachhinein erklärt oder geradegebogen werden.

Dies trifft auch auf Vorhersagen aus dem nicht übersinnlichen Bereich zu, wie auf Prognosen zu Wahlergebnissen, Wirtschaftsanalysen und sonstigen Voraussagen von irgendwelchen Experten. Im Vorfeld von »Events« (kulturellen, politischen oder wirtschaftlichen Ereignissen) ist der Hype immer sehr groß bei den Prognosen, aber wenn dann das Resultat da ist, liegt der Hauptfokus auf dem Ereignis und dem Resultat und nicht auf den Prognosen. Zusätzlich kommen dann äußere Umstände hinzu, wie zum Beispiel bei einer Wahl: geringe Wahlbeteiligung, Witterung, besonders gute oder schlechte Last-Minute-Performances von einem der Kandidaten ... Die ganzen negativen Meldungen bekommt meist der Verlierer zu spüren, und nur ganz wenig bleibt bei dem hängen, der die falsche Prognose abgegeben hat. Selbst bei einer Fünfzig-fünf-zig-Aussage eines »Psychics«, der zum Beispiel das Geschlecht eines Babys bei einer schwangeren Frau voraussagt. Liegt er falsch, wird die Mutter gar nicht mehr darüber nachdenken, da sie ja genügend andere Sachen im Kopf hat und von den Emotionen der Geburt überwältigt ist, aber wenn er recht hat, dann wird sich die Mutter auf jeden Fall daran erinnern! Diese Geschichte kann sie weitererzählen und ist spannend …

Feel Good Prediction: Bei solchen Voraussagen äußert der »Psychic«, was der Kunde gerne hören möchte. Klingt sehr simpel, aber die meisten von uns sind sehr empfänglich für so etwas und erkennen die Strategie dahinter gar nicht. Das wäre dann fast wie ein Verrat an sich selbst. Wenn etwas beim Kunden in letzter Zeit besonders schlecht lief, dann hört der natürlich gerne, dass sich in den nächsten Monaten alles zum Guten wenden werde.

Eine weitere sichere Bank: Alles, was so oder so mit hoher Wahrscheinlichkeit eintreffen wird – aber etwas mysteriös verpackt, klingt dies schon nicht mehr so banal:

- *»Sie werden eine schlechte Erfahrung machen, mit einer Investition oder mit etwas, das Sie gekauft haben.«*
- *»Eine wichtige Person wird bald in Ihr Leben treten.«*
- *»In den nächsten Monaten wird plötzlich eine Person mit Ihnen in Kontakt treten, mit der Sie schon sehr lange nichts mehr zu tun hatten.«*

Sich selbst erfüllende Voraussagen: Suggestive Zukunftsaussagen über die Emotionen und die Persönlichkeit des Kunden haben eine selbst erfüllende Funktion. *»In einigen Tagen werden Sie anfangen, loszulassen und den alten Groll hinter sich zu bringen. Sie werden* *eine positivere und freundlichere Einstellung adaptieren und ein neues Kapitel aufschlagen. Zuerst werden Sie wieder bereit sein, sich selbst ein guter Freund zu sein, um anschließend auch für andere da zu sein. Bald wird sich Ihr soziales Umfeld vergrößern – nehmen Sie es an.«*

Voraussagen wie: »*Sie werden in den nächsten Wochen eine Frau/einen Mann kennenlernen, die/der Ihr Leben verändern wird*«; »*Sie werden bald in ein anderes Land auswandern*«; oder: »*Passen Sie sehr auf, in den nächsten Wochen werden Sie einen Verkehrsunfall haben*«, lösen bei sehr vielen Menschen starke Verhaltensänderungen aus, die ein Eintreffen der Voraussage sehr begünstigen können.

Nicht überprüfbare Aussagen: »*In einigen Wochen wird an Ihrem Arbeitsplatz etwas hinter verschlossener Tür beschlossen werden. Sie werden dabei nicht involviert sein, aber es wird Ihnen auf längere Sicht einen großen Vorteil bringen.*«

Oder: »*Sie werden in Ihrem Job eine für Sie gute Veränderung erleben, die sich aufgrund des Tipps eines Mitarbeiters ereignet, doch der Mitarbeiter möchte nicht erkannt werden, und Sie werden nie erfahren, wer es war.*«

Überhaupt alles, was mit dem Unbekannten und nicht Überprüfbaren zu tun hat, ist prädestiniert für einen »Psychic«. Am einfachsten und am faulsten sind dabei sicherlich die sogenannten Tierkommunikatoren (keine Pferdeflüsterer, die einfach nur ein gutes Gefühl und Verständnis für Tiere haben, sondern ich rede hier von denen, die behaupten, mit Tieren richtig sprechen zu können!).

Es ist erstaunlich, dass die Tiere den Tierkommunikatoren anscheinend ganz konkrete Dinge mitteilen können, wie: Dies und jenes Essen schmecke ihnen eigentlich nicht so sehr, am Wochenende würden sie lieber auf einer andersfarbigen Decke schlafen oder das Geständnis eines Traumas, das sie erlebt hätten ... Aber wenn sie wirklich keine Vorkenntnisse über das Tier haben, dann können die Tierkommunikatoren erstaunlicherweise nicht einmal den Namen des Tieres herausfinden. Ich meine, wenn ein Hund schon sagen kann, dass er am Sonntag lieber auf einer pinken Hundedecke (dies sind übrigens authentische Beispiele, die ich von überzeugten Kunden gehört habe) schlafen würde, sollte er sich doch wohl auch mit seinem Namen vorstellen können ...

Reinkarnationstherapien: Die sogenannten Rückführungen unter Hypnose oder dank spezieller Atemtechniken bzw. Meditationsübungen sind auch so ein Thema für sich. Ohne groß darauf einzugehen, sollte es einem schon komisch vorkommen, wie oft es angeblich dazu kommt, dass ein Kunde davon überzeugt ist, in seinem »früheren« Leben Napoleon oder sonst eine bekannte Figur aus der Geschichte gewesen zu sein. Ich meine, es kann ja nur einer Napoleon, Sissi usw. gewesen sein. Über Suggestionen und Selbstsuggestionen werden hier einfach unbewusst Wünsche, Träume oder Fantasien ausgelebt. Abgesehen vom Etikettenschwindel ist dies aber sicher auch kein guter Ansatz für eine Therapie.

Solch Rückführungen haben zudem auch nichts mit dem Glauben an die Wiedergeburt von Buddhisten und Hinduisten zu tun, sondern es ist eine westliche New-Age-Pseudowissenschaft, von der jeder die Finger lassen sollte. Ein guter Wahrsager kann ja oft sogar einen positiven Effekt haben und ein billiger Ersatz für einen Psychiater oder Psychologen sein. Aber bei einer Rückführung kann man es drehen und wenden, wie man will: Es gibt keinen Nutzen dabei.

Shotgunning

»Shotgunning« ist eine Technik, die wie eine Schrotflinte (»Shotgun«) funktioniert – mit vielen kleinen Kugeln wird breit gefächert auf ein Ziel geschossen in der Hoffnung, dass eine oder mehrere Kugeln das Ziel treffen werden.

Diese Technik wird verwendet, wenn der »Cold Reader« seine Fähigkeiten vor einem großen Publikum demonstriert. Es fängt mit einem vagen Statement an, und im Idealfall landet man gleich bei mehr als einer Person einen Treffer. Diese sollen in den meisten Fällen aufstehen, und der »Psychic« fängt dann wechselweise an, diesen Personen ein Reading zu geben: Sagen wir mal, drei Personen stehen auf, dann kann der »Psychic« einer dieser Personen als Topos den Verstorbenen, der schon Kontakt aufgenommen hat, zuteilen; damit es keine Verwirrung gibt, wird die Person von sich aus verraten, in welchem Verhältnis sie zum Verstorbenen steht. Der Kontakt für die anderen beiden kann ja dann noch hergestellt werden. Der große Vorteil bei mehreren Personen ist, dass einiges an alle gerichtet sein kann, aber nur auf eine Person zutreffen muss.

- *»Es kommt gerade ein Mike, Michael ... durch, es ist aber noch nicht klar für wen ...«*
- *»Ich sehe ein Herzproblem in Ihrer Familie.«* (Wenn man seine ganze Familie hernimmt, dann wird sich wohl eine/einer mit einem Herzproblem finden.)
- *»Ich spüre eine ältere männliche Person, die zu Lebzeiten viele Differenzen mit Ihnen hatte und oft stur blieb – das tut ihm sehr leid, und er liebt Sie noch immer sehr.«* Jeder im Publikum wird so eine Person in seinem Leben gehabt haben, und die Person, die sich zuerst meldet, wird ein großes Bedürfnis verspüren,

alles wieder ins Reine zu bringen. Daran kann man anknüpfen. Zusätzlich werden auch indirekt andere dabei angesprochen, die sich zwar nicht melden, aber im selben Boot sitzen.

Hot Reading

Beim »Hot Reading« verwendet der »Psychic« Informationen, die er schon im Vorfeld in Erfahrung gebracht hat und die er dann mit »Cold Reading«-Techniken schön mischen kann.

Wie aber kommt er an die Informationen? Dies geht heutzutage von Google Search über klassische Detektivarbeit (eher selten) bis hin zum Abhören im Wartezimmer. Einige »Psychics« haben ein Wartezimmer, und wenn da gleich zwei, drei Kunden auf eine Session warten, kommen diese ins Gespräch und erzählen schon mal einiges Interessante, das dann verwendet werden kann.

Früher, bei den fahrenden »Zigeuner-Psychics« gab es sogar einen geheimen Markierungscode (Zeichen, die am Wegrand angebracht wurden), mit dem einem anderen »Psychic«, der vorbeikam, verschiedene Informationen übermittelt werden konnten. Sachen wie: Ist der Kunde ein gutes Opfer, Namen von Verstorbenen usw. Selbst wenn der erste »Psychic« nur mäßigen Erfolg gehabt hatte, konnte dann der nächste mit all den Extra-Informationen »absahnen«.

Bei einem großen Publikum im TV zum Beispiel wird sehr oft einfach ganz offen (vor der Aufzeichnung) gefragt, wer denn heute über etwas sprechen wolle, oder bei den TV-Sendungen, in denen Kunden anrufen, kann es vorkommen, dass die Sekretärin, bevor sie den Anrufer durchstellt, einige Fragen stellt und dann die Informationen an den »Psychic« weiterleitet …

Oder eine Komplizin mischt sich unter die Leute und forscht ein wenig herum. Oder Stammkunden erzählen oftmals auch Dinge von anderen (Freunden, Nachbarn), und wenn diese dann zu einer Sitzung kommen, hat der »Psychic« schon einiges an Informationen, und der Kunde ist von der Session überzeugt.

Bei den ganz großen TV-»Psychics« in Amerika ist es manchmal nur noch eine Show. Im Publikum sitzen dann lauter Fans und Stammkunden, die eingeladen wurden und von denen der »Psychic« eh schon alles weiß, was er dann vor den Kameras einfach nochmals wiedergibt. Die Leute reagieren dennoch emotional und weinen manchmal sogar, da sie ja davon überzeugt sind, dass er gerade Kontakt zu den geliebten Verstorbenen hergestellt hat, und jeder weitere Kontakt ist für die Kunden eben ein ganz besonderes Erlebnis.

Wie schütze ich mich
gegen solche Techniken?

Bei einem guten »Cold Reader« haben Sie, egal wie intelligent und gebildet Sie sind, nur eine Chance, wenn Sie die Techniken und Methoden verstehen, die hinter seinem Tun stecken. Es gibt natürlich noch unzählige andere Techniken und Methoden, die ich hier nicht genannt habe, aber Sie sollten nun einen guten Überblick und ein gewisses Verständnis für das Vorgehen haben. Und auch wenn Sie sich noch nie auf einen Handleser, Astrologen, Wahrsager, Hellseher, Grafologen, Aura-Seher, Handaufleger etc. eingelassen haben und all dem immer fernstanden, bedenken Sie bitte, dass diese Techniken und Methoden bewusst oder unbewusst zum Teil auch von Vertretern, Verkäufern und Beratern verwendet werden. Da diese normalerweise nicht behaupten, übersinnliche Fähigkeiten zu besitzen, wird in diesen Bereichen natürlich viel mehr direkt gefragt, aber es ist im Ergebnis oft genauso perfide.

Unterschätzen Sie die soeben skizzierten Techniken also nicht. Es ist wie bei der Musik: Es werden nur sieben Noten verwendet, und viele der besten Melodien sind ganz simpel, doch wenn sie von einem wahren Künstler mit einer tollen Stimme gesungen werden, rufen sie etwas Besonderes hervor.

Wenn aber dasselbe Lied von einem Stümper gesungen wird, so ist es nichts mehr wert. So ist dies auch beim »Cold Reading«: Ein Meister kann mit diesen simplen Ideen »Wunder« vollbringen.

Und so blocken Sie sie ab:

Wenn eine versteckte Frage gestellt wird, dann fassen Sie nach, und lassen Sie sich die Frage, die als Aussage verkauft worden ist, als eigentliche Frage bestätigen. Zum Beispiel: *»Ich bin etwas verwirrt.*

Treffen Sie hier eine Aussage, oder fragen Sie mich einfach nur nach Informationen?«

Grundsätzlich aber beantworten Sie keine Fragen. *»Ich will lieber hören, was Sie mir erzählen können, als Fragen zu beantworten.«* Oder Sie stellen gleich eine Gegenfrage: *»Wie meinen Sie das? Ich habe ja keine übersinnlichen Fähigkeiten, sollten nicht Sie mir erzählen, was es mit ... auf sich hat?«*

Geben Sie zudem kein Feedback. *»Mmm, ich kann mich nicht richtig entscheiden. Das ist nicht so leicht zu beantworten. Ich denke später darüber nach, aber fahren Sie fort ...«* Und wenn etwas vage formuliert ist, dann verlangen Sie nach klaren Aussagen. *»Was meinen Sie damit, dass ich eine Verbindung zu Amerika hätte? Bevor ich nicht weiß, was Sie konkret meinen, kann ich nicht darauf antworten. Beruflich, persönlich, geografisch ... oder was? Geht es dabei um etwas Vergangenes oder um die Gegenwart? Was verstehen Sie unter einer Verbindung?«*

Geben Sie falsche Fakten an. Wenn der »Psychic« wirklich übersinnliche Fähigkeiten besitzen würde und mit Geistern oder Ihren verstorbenen Verwandten in Kontakt treten könnte, dann müsste er ja sofort merken, wenn Sie eine Person nur in Ihrer Fantasie kreieren, die es gar nicht gibt ...

Cold Calling
und gefärbte Haare

In seinem Buch *The Full Facts Book of Cold Reading* gibt Ian Rowland schöne Beispiele dafür, wie gute Telefonverkäufer mit Cold-Reading-Techniken leicht den Fuß in die Türe bekommen, um dann ihren Verkaufs-Pitch zu machen.

Ohne einen Kontakt oder Bezug ist es immer schwierig, etwas zu verkaufen. Daher umgeht der Verkäufer dieses Problem ganz einfach.

»*Guten Tag. Ich hoffe, Sie können mir helfen* (da kann man schon mal schlecht Nein sagen). *Ich habe hier eine Nachricht, dass ich jemanden in Ihrer Firma zurückrufen soll, aber ich kann es nicht richtig lesen ... Hermann, Germann ... irgendetwas mit ›mann‹, glaube ich, aber es ist leider ziemlich hingekritzelt. Ich weiß nur, dass es darum ging, Seminare oder Trainingskurse als Weiterbildung für Ihre Mitarbeiter zu buchen. Haben Sie eine Ahnung, wer gemeint sein könnte?*«

»*Wir haben hier keinen Herrn Hermann oder Germann, aber wenn, dann wäre Herr Müller für so etwas zuständig.*«

»*Herr Müller, sagten Sie ... Jetzt sehe ich es, ich hatte da eine Notiz verwechselt, könnten Sie mich bitte zu ihm durchstellen, damit ich erfahren kann, wieso er angerufen hat? Danke.*«

Wenn dann gleich direkt durchgestellt wird, kann der »Cold Caller« einen Hinweis anbringen, dass ihn jemand aus der Firma weiterverwiesen habe und er unbedingt mit ihm, Herrn Müller, sprechen solle ... Wenn die Sekretärin vor dem Durchstellen erzählt, dass es um einen Rückruf gehe, dann muss der »Cold Caller« diese Situation zuerst noch umgehen:

»*Ich habe Sie nicht angerufen und auch noch nie von Ihnen gehört.*«

»*Sie haben uns nicht angerufen? Es tut mir leid, da muss wohl irgendwo ein Fehler passiert sein, aber Ihr Name wurde genannt im Zusammenhang mit Weiterbildungen. Sie sind doch dafür zuständig, oder?*«

In der zweiten Sendung meiner TV-Serie *Der Gedankenjäger* im Schweizer Fernsehen (SRF) habe ich mit einer jungen Frau ein kurzes Gedankenlese-Experiment auf der Straße gemacht, bei dem es um die erste Liebe ging. Sie sollte an ihre erste Liebe denken, und ich habe den Namen ihrer ersten Liebe und noch weitere Details richtig erraten.

Dies erreichte ich mit einer Anzahl von verschiedenen Methoden und Techniken, auf die ich hier nicht eingehen möchte. Mal abgesehen vom Berufsgeheimnis würden Ihnen die Methoden im Alltag auch nicht von Nutzen sein. Aber zurück zur jungen Frau: Nachdem sie sich, beeindruckt und etwas verwirrt zugleich, wieder etwas gesammelt hatte, fragte sie spontan, ob ich auch noch sagen könne, welche Haarfarbe ihre erste Liebe damals gehabt habe. Nun, ich hatte keine Ahnung, und da für mich das Experiment eigentlich vorbei zu sein schien, war ich mit meinen Gedanken schon weiter. Da sie aber unbedingt noch weitermachen wollte und ich aus Gründen der Abwechslung und des Timings einen anderen Weg einschlagen wollte als beim Erraten des Namens, habe ich mich dann entschieden, eine Mischung aus »Cold Reading« und Deduktion zu verwenden.

Durch ihre Aussage und angesichts des Umstands, wie die Frage daherkam, war mir klar, dass der Junge sich damals die Haare gefärbt haben musste. Da ich den Zeitraum des Haarefärbens in etwa auf Anfang 90er-Jahre schätzte, kombinierte ich weiter und ging davon aus, dass es sich um keine natürliche Haarfarbe gehandelt haben würde. Mit diesem Wissen/diesen Vermutungen platzierte ich meine erste Cold-Reading-Technik. Eine Frage als Aussage getarnt in Kombination mit einer »Gabel-Technik«: »Er hatte damals die Haare gefärbt, und es war eine sehr grelle Farbe«, wagte ich mich selbstbewusst vor.

Daraufhin habe ich ein etwas zögerliches Ja erhalten. Mir war bewusst, dass damals in den meisten Fällen bei einer künstlichen Haarfarbe die dunklere Naturhaarfarbe zuerst mit Wasserstoffperoxid gebleicht und dann erst die Wunschfarbe aufgetragen wurde. Zusätzlich wollte ich einfach noch Wasserstoffblond als Farbe ausschließen. Da ich ja nun wusste, dass es sich auf jeden Fall um keine dunkle Haarfarbe handeln konnte (vgl. »grelle Farbe«), formulierte ich daher meine nächste Aussage (Frage) so: »Er hat damals die Haare gebleicht.« – »Nein, es war nicht blond ...« – »Ja, ja, das weiß ich doch, aber beim Färben musste er ja die Haare zuerst bleichen.«

Somit hatte ich bis jetzt nur positives Feedback und kein einziges Nein erhalten (das Nein zu den blonden Haaren wurde ja durch die Gabel-Technik neutralisiert). So konnte ich Wasserstoffblond/Gelb und dunkle Farben schon einmal ausschließen, und es kam nur noch etwas Unnatürliches und mäßig Grelles infrage.

Da zu diesem Zeitpunkt Rot und Blau eher bei Frauen vorkamen und ich mich vage daran erinnern konnte, dass damals ab und zu einmal ein Teenager im Selbstfindungsprozess zu Farben wie hellem Violett oder Grün griff, entschied ich mich für die wahrscheinlichste Variante und wählte: Grün.

Vor der letzten Aussage wollte ich mir noch einmal eine Bestätigung abholen. »Er hat damals die Haare gebleicht und sich für eine grelle Farbe entschieden ... Es war ein knalliges, helles Grün.« Bingo! Die junge Frau war perplex, begeistert und vollkommen verblüfft. Ich versicherte ihr, dass es nichts mit übersinnlichen Kräften zu tun habe und ich auch nicht daran glaube.

Das Ganze war ein tolles Erlebnis für sie, das ihr sicher noch lange zu denken gab. Im Gegensatz dazu hätte ein »Psychic«/Scharlatan bei so einem Treffer freie Hand gehabt, um dann weiterzumachen und im Idealfall eine neue Stammkundin zu gewinnen ...

Ich hoffe, Ihnen einen spannenden Einblick in die Welt der psychologischen Täuschung und Manipulation gewährt zu haben – und wenn ich nur ein, zwei Menschen davor bewahren kann, einem Scharlatan mit Cold-Reading-Kenntnissen auf den Leim zu gehen, dann haben sich meine Ausführungen schon mehr als gelohnt.

Ach ja, fast hätte ich es vergessen. Falls Sie sich fragen, wie es mit meinem Mitbewohner Robert weiterging: Wie konnte die Wahrsagerin ihn so leicht überzeugen?

Kaum hatte er sich hingesetzt, sagte sie ihm auch schon gleich auf den Kopf zu, dass er tanze und schwul sei; dass er Schwierigkeiten habe, vor anderen zu seiner Homosexualität zu stehen, und er sich nicht so ausleben könne, wie er wolle.

Des Rätsels Lösung: Wenn man jeden Tag acht Stunden am Stück tanzt, dann spiegelt sich das in der Körpersprache wider, und bei ihm konnte man am Gang schon sehen, dass er Tänzer und auch schwul war. Dass jemand in diesem Alter seinen Platz in der Gesellschaft noch nicht gefunden hat, ist auch klar und naheliegend. Hinzu kam, dass unser College – das Doreen Bird College of Performing Arts – in einem kleinen Vorort von London, Sidcup, lag und es neben unserem College nur noch ein anderes dort gab, das zusätzlich auch noch eine Schauspielschule war.

Also durchliefen sozusagen alle Studenten in Sidcup eine künstlerische Ausbildung – das war alles in allem leicht verdientes Geld für die Wahrsagerin und mehr oder weniger schon fast ein »Hot Reading«.

Robert ging nicht noch einmal zu der Wahrsagerin. Mit ein Grund dafür war auch, dass er wirklich ein geiziger Schotte war – er schuldet mir bis heute noch Geld – und nicht noch einmal bezahlen wollte, um dann eventuell wieder das Gleiche zu erfahren. Aber es hat ihm auf jeden Fall nicht geschadet. Er fand später seinen Platz in der Gesellschaft, ist heute ein erfolgreicher Choreograf und besitzt eine eigene Tanzschule in Schottland ...

Sie denken an ...

Als am 28. März 2006 die erste Folge meiner TV-Serie *Der Gedankenjäger* im Fernsehen lief, konnte ich mit einem interaktiven Experiment alle Zuschauer sofort von Beginn an über den Bildschirm fesseln und überzeugen. Sehen Sie sich nun bitte zuerst das Video ESP auf der Videoseite (www.TobiasHeinemann/Buch.com) an, und im Anschluss gibt es eine detaillierte Aufschlüsselung der Versuchsanordnung.

An was haben Sie gedacht?

Für diejenigen, die dieses Buch gerade auf einer einsamen Insel ohne Internetzugang lesen sollten, gibt es im Folgenden auch noch eine schriftliche Darstellung dessen, was man im Video zu sehen bekommt. Auf Papier kann ich jedoch nicht alle subtilen Kniffe verwenden wie im Video, aber ich werde mein Bestes tun.

»Ich möchte, dass Sie nun meine Gedanken lesen. Auf der Abbildung sind fünf Symbole: ein Kreis, ein Plus, Wellenlinien, ein Stern und ein Quadrat. Denken Sie an eines dieser Symbole. Wenn Sie zum Beispiel an die Wellenlinien denken, dann stellen Sie sie sich bildlich vor.

Denken Sie nun an ein Symbol, wechseln Sie nicht mehr, und bleiben Sie bei Ihrer ersten Intuition – Sie denken an den STERN!«

Stimmt's? Laut Feedback und einer Umfrage haben über neunzig Prozent der Zuschauer meiner Sendung an den Stern gedacht. Wie konnte ich die alle nur über den Bildschirm aber so genau manipulieren? Dazu benötigt es eine Vielzahl von psychologischen Techniken und Finessen.

Zuerst einmal zu den Symbolen. Diese Symbole werden ESP (»Extra Sensory Perception«) oder Zener-Karten-Symbole genannt. ESP ist ein Sammelbegriff für verschiedene übersinnliche Fähigkeiten, aber auch für eine besondere Intuition. Karl Zener designte das ESP-Kartenspiel mit 25 Karten, wo sich die Symbole – Stern, Kreis, Plus, Wellenlinien, Quadrat – jeweils fünf Mal wiederholen. Es wurde für parapsychologische Tests entwickelt, mit denen der Amerikaner Dr. J. B. Rhine testen wollte, ob Gedankenübertragung möglich ist. Obwohl Rhine auch einige Spiritisten und besonders das amerikanisch-kanadische Medium Mina Crandon der Scharlatanerie überführte, war er bei seinen Tests doch mehr als blauäugig. Es konnte letztlich aber dennoch nachgewiesen werden, dass mehrfach betrogen und Testergebnisse von Mitarbeitern verfälscht wurden; zu keinem Zeitpunkt kamen bessere Resultate bei den Tests heraus als solche, die dem reinen Zufall entsprachen.

Doch zurück zu meinem Experiment:

Zuerst habe ich mir aus Erfahrungswerten eine Rangliste der Beliebtheit der einzelnen Symbole erstellt. Der erste Platz ging an den Stern, dicht gefolgt von den Wellenlinien, dann kam mit etwas Abstand der Kreis und abgeschlagen vom Rest lagen das Quadrat und das Plus-Symbol am Ende der Skala.

Damit alleine hätte ich allerdings vielleicht nicht einmal die Vierzig-Prozent-Marke erreicht, natürlich ein absolut unakzeptables Ergebnis. Also mussten noch weitere Erkenntnisse her: Bei einer Reihung von fünf Positionen wird gemeinhin am häufigsten die Mitte ausgewählt, dann folgen die Positionen vier und zwei (je nach Situation wechseln sich die beiden in der Rangliste ab), danach die eins und zuletzt die fünf. Die Mitte war mir zu offensichtlich, also wollte ich sie ausschließen und mit dazu auch gleich noch das zweitbeliebteste Symbol: die Wellenlinien (dazu später mehr).

Den Stern setzte ich neben die Mitte auf die zweitstärkste Position – Position Nummer vier – und das schwächste Symbol, das Plus, auf die drittstärkste Position, die Nummer zwei. Laut meiner Beliebtheitsrangliste hätte nun das Quadrat auf die erste Position gemusst und der Kreis auf die letzte. Ich habe die zwei Symbole aber vertauscht, da ich den doch beliebten Kreis nicht neben dem Stern haben wollte und der Kreis auf der ersten Position neben dem Plus optisch nicht stark auffällt.

Jetzt verfügte ich über meine perfekte Reihenfolge, doch um auf ein wirkliches Top-Resultat zu kommen, brauchte es noch mehr. So malte ich die Symbole nun schön im gleichen Abstand auf einen weißen Karton, machte dabei den Stern ein klein wenig größer und zeichnete ihn mit einem etwas dickeren Strich. Die optische (und nonverbale) Manipulation war geschafft – nun folgte mit der verbalen Komponente noch das i-Tüpfelchen.

Zuerst forderte ich die Zuschauer auf, meine Gedanken zu lesen. Damit erledigte ich gleich drei Dinge auf einen Schlag:

1. Sie passten auf, weil sie neugierig waren;
2. Sie dachten nicht schon gleich an ein Symbol, bevor es überhaupt losging;
3. Da die Zuschauer gefordert waren, gab es keine »Challenge«-Situation gegen mich, und niemand würde sich extra provokativ oder unnatürlich entscheiden ...

Dann zählte ich die fünf Symbole auf und ließ dabei bei den Wellenlinien den Artikel weg bzw. setzte zwischen dem Stern und dem Quadrat noch ein »und«. Wenn ich dies nun noch im richtigen Rhythmus aufsagen würde und dabei den Stern etwas mehr und lauter betonte, dann würde ich den Stern noch mehr in den Vordergrund heben! All dies musste natürlich sehr subtil gemacht werden, damit es nicht auffiel und nur unbewusst steuerte.

Dann folgte noch die letzte Finesse. Die Mitte und somit die Wellenlinien eliminierte ich, indem ich sie als Beispiel brachte. Diejenigen, die von Anfang an an die Wellenlinien gedacht haben, hatte ich ja mit der Ansage »... wenn Sie jetzt zum Beispiel an die Wellenlinien denken ...« schon gepackt. Entweder sie wählten sich dann ein neues Symbol aus und landeten beim Stern, oder sie blieben dabei, was auch nicht so schlimm wäre – ich hatte deren Gedanken ja schon richtig gelesen.

Alle anderen, die erst da ihre Entscheidung träfen, würden durch das Ansprechen der Wellenlinien diese nicht mehr auswählen. Ich hätte da aber auch noch auf Nummer sicher gehen können mit folgender Ansage: »... wenn Sie jetzt zum Beispiel an die Wellenlinien denken ... aber nehmen Sie jetzt natürlich nicht die Wellenlinien ...« Dies fand ich aber letztlich unnötig, nicht so elegant und weniger beeindruckend.

Sie sehen schon, wie viele Gedanken und wie viel Detailarbeit hinter so einer kleinen Manipulation stecken können ... Normalerweise gebe ich so etwas ja nicht preis, da es für Sie einerseits ein viel schöneres Erlebnis ist, wenn Sie von all dem nichts wissen, und Sie andererseits damit im Alltag ja auch nicht unbedingt so viel anfangen können. Aber ich kann an diesem Beispiel eben schön aufzeigen, wie so etwas zustande kommen kann, ohne dabei zu viel zu verraten. Ich möchte Sie nicht des Staunens berauben, wenn Sie mich irgendwann einmal im Fernsehen oder auch live erleben!

Wie bekomme ich ein Ja?!

Während ein »Cold Reader« von seinem Kunden möglichst oft ein Ja erhalten möchte, um zu beweisen, dass er Dinge von ihm weiß, die er eigentlich nicht wissen kann, und daher im Umkehrschluss übersinnliche Fähigkeiten besitzen muss, möchte ich Ihnen in diesem Abschnitt sechs allgemeingültige Grundregeln der Beeinflussung und der Manipulation näherbringen. Sie sind diesen Techniken schon unzählige Male begegnet, aber in vielen Fällen war es Ihnen nicht bewusst, dass Sie gerade manipuliert werden.

Die menschliche Psyche ist sehr komplex, aber auch sehr leicht manipulier- und »berechenbar«. Wenn wir die Prinzipien der Beeinflussung und die Eckpunkte des Überzeugens verstehen, dann können wir unsere Chancen auf Erfolg ungemein steigern. Natürlich ist dabei nichts hundertprozentig garantiert, schließlich handelt es sich bei der Psychologie ja nur um eine »Soft Science«, die immer nur von Wahrscheinlichkeiten ausgeht und nicht wie eine Naturwissenschaft (»Hard Science«) auf Fakten und Gesetzen aufbaut. Dennoch sind es ganz wichtige Werkzeuge, die Sie in Ihrem Rucksack immer dabeihaben sollten, um sie dann je nach Situation richtig anzuwenden.

Dr. Robert B. Cialdini, Professor für Marketing und Psychologie, ist ein absoluter Experte beim Thema Beeinflussung, und er hat sechs Grundregeln bzw. Grundthemen bestimmt (vgl. seinen Titel *Influence: The Psychology of Persuasion*), die allgemeingültig sind:

1. GEGENSEITIGKEIT
2. KNAPPHEIT/EXKLUSIVITÄT
3. AUTORITÄT
4. BESTÄNDIGKEIT

5. ZUNEIGUNG/ANZIEHUNG
6. ÜBEREINSTIMMUNG

Gegenseitigkeit

Wie es schon bei den Affen immer war: Ich kratze deinen Rücken, und du kratzt mir meinen. Wenn jemand uns einen Gefallen tut, dann sagen wir viel schneller zu etwas Ja, wenn er mal etwas braucht, oder setzen uns besonders für diese Person ein.

Wenn Sie von einem Bekannten zu einer Party eingeladen werden, dann fühlen Sie sich schon verpflichtet, ihn bei Ihrer nächsten Party auch einzuladen. Die Japaner haben dieses »Spiel« in ihrer Gesellschaft perfektioniert: In Japan ist die Geschenkkultur ganz wichtig und eine »Wissenschaft« für sich. Alle Feinheiten hier aufzuzählen, würde den Rahmen sprengen, aber einer der zentralen Punkte ist, dass ich immer etwas mehr schenke, als ich bekommen habe, damit der andere in der Bringschuld ist. Daher ist es auch wichtig, ungefähr zu wissen, was das Geschenk für einen Wert hat; offizielle Geschenke werden daher gerne in bekannten Geschäften gekauft und auch dort verpackt, damit der Beschenkte ungefähr den Wert abschätzen kann.

Die Idee dahinter ist, dass man im ständigen Austausch bleibt. Das Gleiche wird auch oft mit Blick auf Bargeld gemacht. Sagen wir, ich habe kein Geld dabei, und ein Bekannter bezahlt für mich das Essen, dann würde ich nicht genau den geschuldeten Betrag zurückzahlen – ansonsten wäre die Sache ja quasi abgeschlossen und der Austausch beendet –, sondern etwas mehr. Dies ist nicht als Trinkgeld zu verstehen (Trinkgeld gibt es in Japan sowieso nicht und ist eine Beleidigung, da ein Top-Service eine Selbstverständlichkeit darstellt), sondern dient dazu, eine Schuld aufrechtzuerhalten, damit man in Kontakt bleibt.

Apropos Trinkgeld: In Amerika wurde eine umfangreiche Studie zum Trinkgeldverhalten von Kunden gemacht. Da bei uns nicht dieselbe Trinkgeldkultur herrscht, wären hier manche Zahlen sicher etwas anders, aber das Prinzip dahinter ist das gleiche und kann universal angewendet werden.

Wenn der Kellner also mit der Rechnung ein Bonbon oder ein Schokolädchen mitlieferte, wurde im Schnitt drei Prozent mehr Trinkgeld gegeben. Gab er zwei Bonbons mit der Rechnung mit, hat er schon 14 Prozent mehr Trinkgeld bekommen. Wenn er nun mit der Rechnung ein Bonbon brachte, sich dann zwei, drei Meter vom Kunden wegbewegte, zurückkam und ein zweites Bonbon mit folgendem Kommentar reichte: »Sie sind so ein sympathischer Kunde, Sie bekommen noch eins extra!«, dann gab es dafür eine Steigerung von 23 Prozent mehr Trinkgeld. Was können wir daraus ableiten?

Regeln:

- Seien Sie immer der Erste, der etwas gibt!
- Die Übergabe oder das, was Sie geben, sollte »personifiziert« sein, also persönlich in die Wege geleitet werden.
- Das Geschenk, die Geste ... sollte unerwartet erfolgen.
- Bevor Sie etwas von jemandem wollen – tun Sie ihm einen kleinen Gefallen ...

Knappheit/Exklusivität

Knappheit oder künstlich erzeugte Knappheit ist eine einfache Art und Weise, wie man die Wünsche und Handlungen von Personen steuern kann. Geschäfte haben oft nicht nur aus ästhetischen oder aus Platzgründen wenige Artikel ausgestellt, sondern auch, um eine künstliche Knappheit zu signalisieren: Die Verkäufer müssen dann immer wieder im Lager nachsehen, ob etwas vorrätig ist. Bei einer großen Auswahl entscheidet sich der Kunde dazu, vielleicht noch einmal abzuwarten und an einem andern Tag wiederzukommen. Aber wenn nur ein Stück vorhanden ist – oder noch besser: Das Ausstellungsstück kann man gar nicht kaufen, und im Lager gibt es nur noch ein einziges Modell –, dann kommt der Kunde schon eher ins Grübeln.

Eine gute Taktik ist auch, wenn der Verkäufer sich nicht sicher ist und sagt: »Würden Sie es denn kaufen, falls wir noch eines im Lager haben sollten?« Selbst wenn man sich nicht festlegen muss, kaufen die Kunden das Produkt eher, wenn der Verkäufer sich die Mühe macht, nach dem Produkt zu suchen. Eine Unsicherheit, ob es das Produkt zu einem späteren Zeitpunkt wieder geben wird, oder eine undefinierte Wartezeit, bis das Produkt wieder im Lager vorhanden ist, beflügeln die Kaufkraft ebenfalls. Sehen Sie mal, wie oft bei Amazon steht: Nur noch zwei Stück auf Lager – nachbestellt.

Da man jedoch keine Ahnung hat, wo das Produkt bestellt wird und wie lange es dauert, bis das Produkt wieder auf Lager ist, kauft man es dann doch lieber ganz schnell. Besonders bei einem Rückgaberecht. Denken Sie nur an die ganzen Special- und Sammler Editions oder andere limitierte Produkte: die letzte Reise auf der Queen Elizabeth 2, die letzten Flüge mit der Concorde ... Immer noch dasselbe Produkt wie vor diesen Ankündigungen, aber danach gingen die Tickets blitzschnell weg, obwohl mit der Ankündigung die Preise drastisch erhöht wurden.

Wie lange werden die Rolling Stones noch unterwegs sein? Bei manchen Konzerten ist es ja verrückt, wenn zigtausend Tickets in wenigen Minuten verkauft sind.

Ich bin nun schon seit über zwanzig Jahren auf der ganzen Welt unterwegs, da aber meine häufigsten Auftritte bei Firmengalas oder im Rahmen exklusiver Privatveranstaltungen stattfinden und ich nicht so viele öffentliche Auftritte mache, herrscht auch hier eine gewisse Knappheit vor. Wenn ich dann bei besonderen Firmenevents auch noch eine maßgeschneiderte Show für den jeweiligen Anlass entwickle, dann bekommt der Kunde im wahrsten Sinne ein einmaliges Erlebnis präsentiert.

Regeln:

- Zeigen Sie nicht nur die Vorteile Ihres Angebots auf, sondern weisen Sie auch auf das Besondere, das Einzigartige hin!
- Teilen Sie mit, was der Kunde verliert oder verpasst, wenn er sich nicht positiv entscheidet.

Autorität

Haben Sie sich einmal überlegt, wieso bei Ärzten oder Zahnärzten immer die Universitätsdiplome an der Wand hängen? Der eine oder andere ist vielleicht eitel oder besonders stolz auf seinen Abschluss, aber in den meisten Fällen dient es dazu zu zeigen, dass der jeweilige Mediziner kein Quacksalber ist und Sie diesem hochdekorierten Experten vertrauen können. Einer uniformierten Person wird eher zugehört und die Meinung dieser Person wird eher akzeptiert und geschätzt. Lefkowitz, Blake und Mouton erstellten 1955 eine Studie, bei der ein Mann bei Rot einen Zebrastreifen überquerte; einerseits machte er dies in einem Anzug mit Krawatte (Uniform eines Geschäftsmanns) und andererseits in Freizeitkleidung. Wenn er im Anzug bei Rot über die Kreuzung lief, folgten ihm 3,5-mal mehr Personen, als wenn er dies in Freizeitkleidern tat. Ob im Anzug oder nicht, die Wahrscheinlichkeit des Überfahrenwerdens ist aber gleich groß. Durch die entsprechende Kleidung ist es also sehr leicht, Autorität zu erlangen. Und die gilt nicht nur für den Betrachter, sondern auch der Träger einer Uniform fühlt sich selbstsicherer und benimmt sich dementsprechend.

Ein weiterer einfacher Weg, um mehr Autorität zu bekommen, ist durch Empfehlungen; und dabei spielt es nicht einmal eine Rolle, ob Sie mit der Person, der Sie jemanden empfehlen, befreundet oder sonst wie verbandelt sind.

Verschiedene Studien zeigten, dass für den Fall, dass etwa eine Sekretärin, bevor sie das Gespräch durchstellte oder weiterleitete, noch eine Empfehlung abgab oder auf die Erfahrung des kontaktierten Experten verwies, der Erfolg nicht lange auf sich warten ließ. »Ich verbinde Sie gleich mal mit Herrn Müller, der hat schon mehr als zwanzig Jahre Erfahrung auf diesem Gebiet und ist unser bester Mann für diese Sache.« Es kam dann zu einem Plus von zwanzig Prozent mehr vereinbarten Meetings/Terminen und bis zu 15 Prozent besseren Verkaufszahlen.

Regeln:

- Ziehen Sie passende Kleidung an, und geben Sie sich dementsprechend!
- Etablieren Sie sich zuerst als Experte, bevor Sie nach etwas fragen oder verlangen.
- Leute folgen glaubwürdigen und sachkundigen Experten.

Beständigkeit

Menschen fühlen sich wohl und sind weniger kritisch, wenn etwas beständig ist. Zuerst sollte man einen kleinen Gefallen verlangen oder eine einfache Einwilligung abholen, bevor man um einen größeren Gefallen bittet. In einer Studie zu einer »Drive Safe«-Kampagne etwa wurde in einem bestimmten Viertel festgestellt, dass kaum jemand bereit war, ein »Drive Safe«-Plakat unentgeltlich in seinem Garten aufzustellen. In einer ähnlichen Gegend haben dann aber plötzlich vier Mal mehr Personen ein solches Werbeplakat aufgestellt. Was war geschehen?

Beim zweiten Versuch wurden die Hausbesitzer zehn Tage vorher schon gefragt, ob sie bereit wären, eine kleine Postkarte im Fenster zu befestigen, um so ihre Solidarität mit der Kampagne zu zeigen und sie zu unterstützen. Als sie dann später auch gefragt wurden, ob sie nicht ein Plakat in den Garten stellen könnten, damit die Autofahrer den Hinweis besser sehen könnten, führte dies zu dem vierfach höheren Resultat.

Wenn Sie jemanden also auf der Straße ansprechen, ob er Ihnen kurz hilft, werden Sie in vielen Fällen nur mäßigen Erfolg haben. Wenn Sie aber zuerst fragen, ob er oder sie es für grundsätzlich wichtig erachtet, anderen zu helfen, dann steigen Ihre Chancen enorm.

Diese »Fuß in die Tür«-Taktik funktioniert sehr gut, wenn man jemanden zuerst dazu bringt, eine kleine Verpflichtung einzugehen, denn dann wird er nachher viel eher dazu bereit sein, auch eine größere einzugehen. Man baut mit anderen Worten eine Beziehung auf. Ein guter Einstieg dabei sind Fragen, die nur hypothetische Zustimmung einfordern. Etwa: »Wenn es ein Produkt gäbe, das Ihr Leben sofort stark verbessern würde, würden Sie es wollen?« Oder: »Würden Sie gerne gesünder essen?«

Eine Zustimmung im klassischen Verkauf heißt, einen neuen Kunden zu gewinnen. Egal, wie groß oder klein die Transaktion ist. Die Chance, dass er wiederkommt, ist dadurch gestiegen. Heute, im Social-Media-Zeitalter, ist es allerdings noch einfacher, den Fuß in die

Tür zu bekommen: Ein »Like« auf Facebook zu bekommen bedeutet Zustimmung, Ihren Newsletter zu abonnieren bedeutet Zustimmung, bei einem Onlinespiel/Wettbewerb mitzumachen bedeutet Zustimmung usw. Angesichts dieser Art von Zustimmung sind die Kunden auch viel eher bereit, später einen Einkauf zu tätigen.

Regeln:

- zuerst leicht einholbare Zustimmung generieren, bevor nach etwas Größerem gefragt wird!
- Holen Sie hypothetische Zustimmung ab.
- Verpflichtungen sollten von der Person am besten selbst schriftlich festgehalten werden – denn eigenhändig schriftlich eingetragene Termine beispielsweise werden eher eingehalten als Termine, für die man eine fertig ausgedruckte Bestätigung bekommt ...

Zuneigung/Anziehung

Menschen sagen viel einfacher Ja zu etwas, wenn sie die andere Person mögen. Wenn wir einmal das Aussehen, die Stimme und den Körpergeruch außer Acht lassen, gibt es laut Beeinflussungs-Forschung drei wichtige Faktoren, die uns beeinflussen und darüber entscheiden, ob wir eine andere Person sympathisch finden:

1. Wir mögen Menschen, die uns ähnlich sind (gleicher Name, aus der gleichen Gegend, gleiche politische Einstellung, Hobbys etc.)
2. Wir mögen Menschen, die uns Komplimente machen; also: Sich für jemanden zu interessieren oder sich Zeit für ihn zu nehmen ist ein großes, wenn auch stilles Kompliment ...
3. Wir mögen Menschen, die mit uns für gemeinsame Ziele kooperieren.

Bei einer Studie mit Top-Business-School-Studenten musste die eine Gruppe der Studenten möglichst schnell und effizient zu einem Abschluss/zu einer Einigung mit einem Kunden kommen. Motto: Time = Money!!! Sie sollten keine Zeit verlieren, damit sie möglichst viele Kunden an einem Tag abarbeiten konnten. Diese Gruppe erzielte 55 Prozent erfolgreiche Abschlüsse. Die zweite Gruppe von Studenten sollte zuerst mit den Kunden ein lockeres Gespräch führen und dabei Gemeinsamkeiten finden und Komplimente verteilen. Erst dann sollten sie anfangen, einen Deal zu machen. Diese Gruppe erzielte 90 Prozent erfolgreiche Abschlüsse, und die Kunden waren obendrein auch noch zufriedener als diejenigen, die mit der ersten Studentengruppe zu tun hatten.

Regeln:

- Finden Sie Gemeinsamkeiten (auch per »Cold Reading«)!
- Verteilen Sie ehrliche Komplimente, bevor Sie einen Deal einfädeln.

Übereinstimmung

Menschen schauen immer auf das Handeln und das Verhalten anderer, besonders wenn sie unsicher sind bezüglich einer eigenen Entscheidung.

Sie haben sicher schon in vielen Hotels eine Aufforderung gelesen, dass Sie Ihre Handtücher mehrmals verwenden sollten, um die Umwelt zu schonen. Durch Ihre Mithilfe kann also viel Energie und Wasser gespart werden. Diese Strategie ist sehr erfolgreich, und Studien zeigen, dass dies im Schnitt bei ungefähr 35 Prozent der Gäste zum Erfolg führt und diese Handtücher dann öfters verwenden. Wie aber kann man dies noch steigern?

Goldstein, Cialdini und Griskevicius verfassten im Jahr 2008 eine Studie dazu: Wenn man nur die Gäste berücksichtigt, die vier Nächte oder länger in einem Hotel verbringen, dann verwenden 75 Prozent ihre Handtücher mehrmals. Wenn man nun das Gesetz der Übereinstimmung anwendet und Folgendes vorschlägt: »75 Prozent unserer Gäste verwenden ihre Handtücher mehrmals. Tun Sie dies doch bitte auch, der Umwelt zuliebe«, dann führt diese Strategie zu einer Steigerung um 26 Prozent mit Blick auf die ursprüngliche Quote.

Und mit einer kleinen zusätzlichen Textänderung konnte noch einmal eine Neun-Prozent-Steigerung obendrauf erzielt werden: »75 Prozent unserer Gäste, die in diesem Zimmer übernachteten, haben ihre Handtücher mehrmals verwendet. Tun Sie dies doch bitte auch, der Umwelt zuliebe.« Dank des Hinweises auf die Personen, die im selben Zimmer übernachtet haben, kam es noch einmal zu größerer Zustimmung.

Auch sonst, bei anderen Studien, bei denen darauf hingewiesen wurde, wie toll die Nachbarn jeweils recyceln, hatte dies einen enormen Einfluss auf das Verhalten der angesprochenen Personen: Ein sogenannter Social Proof findet statt. Menschen bestellen das gleiche Essen wie andere, oder, wenn wir wissen, wie andere bei einem Test oder sonst einer Aufgabe abgeschnitten haben, motiviert uns dies, härter zu arbeiten.

Wenn Sie ein Hotel online buchen, sind Ihnen sicherlich schon einmal die ganzen Hinweise aufgefallen, wie viele Personen sich gerade dasselbe Zimmer ansehen. Nachrichten also wie: »35 Personen sehen sich gerade Hotels in London an«, oder, noch besser: »X Personen aus Ihrer Umgebung sehen sich gerade dasselbe Hotel in London an.«

Dies könnte Ihnen eigentlich egal sein, Sie kennen diese Leute ja gar nicht und wollen mit diesen auch nicht gemeinsam in London

Urlaub machen. Aber es wird Sie in zweierlei Hinsicht doch beeinflussen: Einerseits kommt hier das Gesetz der Knappheit zum Tragen – »Oh, wenn ich nicht gleich buche, kommen mir diese Leute zuvor« –, andererseits das der Übereinstimmung. Wenn andere (»Gleichgesinnte«) dieses Hotel auch buchen wollen, dann muss es wohl gut sein ...

Regeln:

- Zeigen Sie Ihrem Gegenüber auf, was andere machen.
- Noch besser: Zeigen Sie auf, was andere Personen machen, die mit Ihren Kunden vergleichbar sind.

Nicken – und schlechte
Black-Jack-Spieler

Hier noch eine Technik, die ich sehr gerne auf der Bühne anwende, die aber auch sonst überall gut einsetzbar ist:

Wenn Sie möchten, dass Ihnen jemand zustimmt oder Ja zu etwas sagt, dann nicken Sie mehrmals zustimmend und freundlich mit dem Kopf. Das Nicken wirkt ansteckend, und es fällt Ihrem Gegenüber viel schwerer, Nein zu sagen oder etwas abzulehnen, wenn er selbst am Nicken ist.

Das Gleiche funktioniert natürlich auch für ein Nein mit einem Kopfschütteln.

Dies kann dann verbal auch noch verstärkt werden:

»Sie wollen dies doch kaufen, nicht wahr?« plus Kopfnicken = JA

»Sie sind doch noch nicht fertig damit, oder?« plus Kopfschütteln = NEIN

»Sind Sie zufrieden mit Ihrer Wahl?« Nick-Technik, dann eine kurze Pause und gleich noch ein verbales »Ja?« hinterhergeschickt, das sich halb nach Frage, halb nach Aussage anhört ... Wenn Sie es dabei nicht übertreiben, ist das Ganze nicht als Strategie erkennbar, aber unbewusst wird es Ihren Gegenüber manipulieren und es ihm schwerer machen, Nein zu sagen.

»Sie können tauschen, wenn Sie wollen. Wollen Sie Ihre Meinung ändern?« Dabei schütteln Sie sehr subtil den Kopf und lassen dem dann auch nach einer ganz kurzen Pause verbal ein »Nein?« folgen, wobei dies etwas zweifelnd klingen sollte. Es soll so wirken, als ob er die Antwort schon gegeben habe und Sie nur noch einmal eine Bestätigung abholten. Nachdem er »Nein« gesagt hat, fragen Sie: »Sie wollen Ihre Meinung nicht ändern?« Kopfschütteln und ein emphatisches »Nein«. Sie wollen, dass er ein klares Nein ausspricht. Dann zementieren Sie es. »Sie sind also absolut zufrieden mit Ihrer Wahl?« Kopfnicken und ein zustimmendes »Ja«. Jetzt ist seine Meinung festgelegt, und er wird sie nicht mehr ändern. »Sie haben Ihre Wahl getroffen und sind absolut glücklich damit ...« Kopfnicken. »Ich habe Ihnen die Möglichkeit zur Korrektur gegeben, aber Sie haben mehrfach darauf bestanden, bei Ihrer ersten Wahl zu bleiben. Na gut, dann ...«

Ich war schon immer von Casinos fasziniert, sicherlich auch beeinflusst durch James-Bond- bzw. andere Filme, und wollte immer mal in einen solchen Betrieb, nicht nur als Besucher bzw. Spieler, einen Einblick werfen. Als dann Casinos in der Schweiz erlaubt wurden und man nach Croupiers suchte, reizte es mich, eine Ausbildung zum Croupier zu durchlaufen. Nachdem ich vom ersten Casino nicht zur Ausbildung zugelassen wurde – die wollten wohl keinen Gedankenleser als Croupier –, meldete ich mich beim Grand Casino Luzern an; diesmal als »Schauspieler«. Ich absolvierte die Ausbildung erfolgreich, bestand beide Eignungsprüfungen, und mir wurde überraschenderweise eine kleine Teilzeitstelle angeboten. Eigentlich wollte das Casino ja nur Vollzeitstellen vergeben, aber mit all meinen Showterminen hatte ich nicht für mehr Zeit, und da zusätzlich nicht gerade viele die Prüfungen bestanden hatten, wurde also ich dennoch eingestellt.

Mein Plan war eigentlich gewesen, nur die Ausbildung zu machen, doch nun hatte ich auf einmal einen Extra-Job und arbeitete zwei Abende in der Woche im Casino, als Croupier für die Spiele Black Jack, Poker und Roulette. Nach der dreimonatigen Probezeit kündigte ich allerdings, um wieder mehr Zeit für meine eigentliche Arbeit zu haben – und meine Neugier war auch gestillt, und es entwickelte sich mehr und mehr zu einem normalen Job mit Routine.

Diese drei Monate aber waren sehr spannend, da ich dabei verschiedene »Feldversuche« durchführte. Einerseits habe ich natürlich ganz genau die Casinobesucher und die Angestellten beobachtet und ihr Verhalten studiert, andererseits wollte ich testen, inwieweit ich jemanden dazu bringen könnte, schlechter oder besser zu spielen.

Die Regeln für einen Croupier sind sehr streng und lassen eigentlich keinen Spielraum zu. Zum Beispiel beim Black Jack: Wenn der Dealer mit seinen zwei Karten unter 16 liegt (beide Kartenwerte addiert), muss er noch eine Karte ziehen, und wenn er über 17 liegt, darf er keine Karte mehr nehmen. Die Karten werden von einer Maschine gemischt und werden somit zufällig verteilt. Das heißt, ich kann als Dealer keinen Einfluss nehmen auf die Spielweise, alles ist vorgegeben, und der Dealer führt nur aus. Doch die Spieler haben viel mehr Freiheiten, und das konnte ich gut beeinflussen.

Eine Variante war über das Spieltempo; also, ob ich die Spieler eher hetzte und ihnen keine Zeit zum Überlegen ließ, oder extra langsam spielte, damit jemand vielleicht länger an einem Tisch sitzen blieb und mit etwas höheren Einsätzen spielte. Grundsätzlich möchte das Casino, dass schnell gespielt wird. Denn je mehr Spiele gespielt werden, umso mehr Umsatz macht das Casino.

Doch am einfachsten beeinflussen konnte ich die Spieler bei der Wahl, ob sie noch eine zusätzliche Karte nehmen, zwei gleiche Karten splitten (zwei Karten mit demselben Wert, zum Beispiel zwei Asse, werden gesplittet – der Spieler bringt noch einmal den gleichen Einsatz und spielt dann mit zwei »Händen«), verdoppeln oder eine Versicherung gegen einen Black Jack vom Dealer abschließen wollten. Je nachdem, wie ich gefragt habe (Betonung, Wortwahl,

Kopfnicken oder -schütteln, Körpersprache beim Ablegen der Karten bzw. beim Draufzeigen usw.), konnte ich, mal abgesehen von den guten Spielern mit einem fixen System und genügend Spielverständnis, die meisten Besucher tatsächlich dazu bringen, noch eine Karte zu nehmen oder eben – andersherum – nicht.

Beim Black Jack hatten wir immer zwanzig Minuten Schichtbetrieb (zwanzig Minuten am Tisch, zwanzig Minuten Pause), und es kam öfter vor, dass ich einen vollen Tisch übernahm, und nach zehn Minuten hatte ich den Tisch »geleert«, und alle Spieler wanderten zu einem anderen Tisch ab.

An einem sehr schwachen Montagabend (wenig Gäste, keine großen Spiele, schlechter Umsatz) hatte ein High Roller innerhalb von zehn bis zwanzig Minuten an einem Black-Jack-Tisch mehr als vierzigtausend Franken erspielt, und der Pit Boss wurde langsam nervös und stellte sich schon auf einen besonders schlechten Abend ein. Beim Schichtwechsel fragte er herum, wer denn an diesem Tag vielleicht ein glückliches Händchen habe (als ob dies eine Rolle spielen würde!), und einige von den erfahrenen Croupiers haben dann gleich mich vorgeschlagen: Ich könne sicher schnell wieder etwas fürs Casino zurückgewinnen.

Da es sich um einen guten Spieler handelte, ließ er sich nicht so gut steuern, und im Endeffekt ist ja sowieso immer noch der Zufall (wer welche Karten bekommt) der wichtigste Faktor – aber ich konnte ihm dann doch immerhin innerhalb von zehn Minuten wieder über fünfzehntausend Franken abknöpfen, bevor er den Tisch wechselte. So wurde ich auch an diesem Abend meinem Ruf gerecht! Für mich war es jedenfalls eine spannende Lehrzeit, um festzustellen, wie stark man Menschen beeinflussen kann, auch in einem so engen, durch die Casinoregeln festgelegten Rahmen.

Normalerweise verwende ich manipulative Techniken bewusst ja nur für einen guten Zweck (um Menschen ein tolles und einzigartiges Erlebnis bei meinen Shows zu vermitteln!), aber die Verlockung, solche Techniken im Casino auszuprobieren, war dann doch zu groß; und außerdem sollte es ja jedem klar sein, dass man im Casino eigentlich nur verlieren kann!

Personen jedoch, bei denen ich das Gefühl hatte, dass sie gerade ihre Miete verzockten, denen habe ich entweder versucht zu helfen oder ihnen nahegelegt (sofern es ging, da wir uns eigentlich nicht mit den Gästen unterhalten durften und nur Spielanweisungen von uns geben sollten), lieber nicht mehr zu spielen …

Das Ziel jeglicher Beeinflussung sollte sein (ethische Überlegungen nicht miteinbezogen), dass der andere nicht merkt, dass er beeinflusst wird. Es geht also nicht darum, jemanden zu einer Entscheidung zu drängen, die er dann später bereut. Gerade heute, im Social-Media-Zeitalter, geht so etwas jedoch in fast allen Fällen nach hinten los. Der alte Spruch: »Ein guter Verkäufer verkauft die Kuckucksuhr samt Vogelfutter!«, zieht jetzt nicht mehr. Die Kundenzufriedenheit steht im Vordergrund: Win-win lautet das Ziel.

Memory
und
Brain Power

Das Glück des
Gedächtniskünstlers

Stellen Sie sich vor, Sie treffen auf einer Party, bei einem größeren Anlass oder vielleicht noch besser bei einem wichtigen Firmenevent mit Kunden als Letzter ein: Sie standen stundenlang im Stau, konnten keinen einzigen Parkplatz in der Nähe finden, und es schüttet in Strömen.

Kaum sind Sie durch die Tür und haben die nassen Sachen noch nicht einmal abgelegt, nimmt Sie der Gastgeber schon am Arm und schleppt Sie mit der Aufforderung: »Diese Gäste müssen Sie unbedingt kennenlernen!«, in den Saal. »Ich habe schon viel von Ihnen und Ihrer Arbeit erzählt ... Darf ich vorstellen ...«

Sie ärgern sich immer noch über den Stau. Ihre Gedanken schweifen umher. Später werden Sie auch noch Mühe haben, sich daran zu erinnern, wo Sie denn genau Ihr Auto abgestellt haben, und müssen eine Seitenstraße nach der anderen abklappern, bis Sie Ihr Auto endlich wiederfinden werden ...

Im Sekundentakt werden Ihnen nun zahlreiche wichtige Persönlichkeiten vorgestellt, und Sie können sich in der Aufregung natürlich keinen einzigen Namen merken. Wenn Sie Glück haben, bleibt wenigstens ein bisschen etwas hängen, sodass Sie zumindest von ein, zwei Personen wissen, was die beruflich so machen. Sie stecken in der Klemme – während jeder anscheinend Ihren Namen und Ihre berufliche Tätigkeit kennt, haben Sie nicht wirklich eine Ahnung und versuchen, sich im Gespräch durchzumogeln ...

Einige Wochen später laufen Sie dem einen oder anderen dann zufällig über den Weg und werden gleich freudig mit Ihrem Namen begrüßt. Sie erkennen Ihr Gegenüber zwar wieder, aber haben immer noch keinen blassen Schimmer, wie die jeweilige Person heißt. Sie versuchen sich mit einer undefinierbaren Lautmalerei, gefolgt von einem »Wie geht es Ihnen?«, aus der Schlinge zu ziehen oder gehen in die Offensive und fragen gleich: »Wie war noch einmal Ihr Name? Ah ja, stimmt. Ich kann mir jedes Gesicht merken, aber mit Namen habe ich so meine Probleme ...«

Natürlich ist dieses Szenario ein Extremfall, aber stellen Sie sich vor, alles wäre ganz anders gelaufen: Sie hätten sich jeden Namen locker merken und sich bei allen am Ende der Veranstaltung mit Namensnennung verabschieden können. Beim nächsten Wiedersehen hätten Sie sich selbstverständlich nicht nur an die Namen der Personen erinnern können, sondern auch an deren Beruf, Hobbys und sogar an die Namen ihrer Kinder. Ihr Gegenüber wäre nicht nur tief beeindruckt, Sie wären auch ungemein beliebt!

»Für jeden Menschen ist sein Name das schönste
und bedeutungsvollste Wort in seinem Sprachschatz.«
(Dale Carnegie, 1888–1955: US-amerikanischer
Kommunikations- und Motivationstrainer)

Dennoch sind die meisten Menschen ganz schlecht darin, sich Namen bei der Begrüßung oder am Telefon zu merken. Wie schon erwähnt, kommt dann tatsächlich sehr oft die Begründung: »Gesichter kann ich mir gut merken, aber Namen sind nicht so mein Ding.« Dabei sind dies zwei völlig verschiedene Sachverhalte bzw. zwei sehr unterschiedliche Herausforderungen an unser Gehirn. Um sich an ein Gesicht zu erinnern, braucht es nur das Erkennen oder besser gesagt das Wiedererkennen des Gesichts. Für eine

Wiedererkennung aber benötigt unser Gehirn nur sehr wenige Anhaltspunkte und sehr wenig »Rechenleistung«. Zudem liegt das reine Wiedererkennen bei uns ursprünglich in der Veranlagung. Es war/ist ja von größter Bedeutung, einen Feind oder Freund sofort und schon von Weitem wiederzuerkennen. Wir erkennen ein Gesicht in den meisten Fällen also nur wieder und müssen uns nicht, wie bei einem Namen, wirklich daran zurückerinnern. Daher können wir auch nicht jede Person, die wir wiedererkennen, einfach so aus dem Gedächtnis exakt beschreiben oder haargenau auf ein Blatt Papier zeichnen. Dafür bräuchten wir dann schon recht viele detaillierte Informationen, die wir exakt abrufen könnten ...

Wäre es nicht praktisch, wenn Sie sich mühelos Namen, PIN-Codes, Telefonnummern, Einkaufslisten merken könnten oder in der Lage wären, eine Rede, einen Vortrag sicher und schnell in Ihrem Gedächtnis abzuspeichern, ohne sich darum zu sorgen, was passiert, wenn Sie einen Hänger haben und nicht mehr weiterwissen?

All das ist nicht wirklich schwer – und ich werde Ihnen im Folgenden die richtigen Werkzeuge mit auf den Weg geben, damit Sie dies und noch viel mehr bewerkstelligen können.

Ich beschäftige mich schon sehr lange mit verschiedenen Arten von Gedächtnistraining und Mnemotechniken (Gedächtniskunst aus griech. »mnémē« = Gedächtnis, Erinnerung und »téchnē« = Kunst bzw. lat. »ars memoriae« = die Kunst des Erinnerns) und verwende diverse dieser Techniken auf der Bühne und auch regelmäßig im Privatleben. Ich werde hier die Techniken mit Ihnen teilen, die meiner Meinung nach am effektivsten für die jeweilige Aufgabe sind – Techniken, bei denen ich persönlich die größten und schnellsten Erfolge erzielt habe und auch die besten Resultate einfuhr beim Versuch, sie anderen zu vermitteln. Verschiedene Methoden habe ich sogar schon erfolgreich Vierjährigen beigebracht, also lassen Sie sich nicht einschüchtern oder abschrecken, wenn eine Technik am Anfang etwas Arbeit benötigt.

Die Methoden sind übrigens nicht von mir erfunden worden – manche sind sogar schon uralt und stammen noch von den alten Griechen –, aber ich habe alle intensiv verwendet, das heißt getestet und adaptiert oder aussortiert, bis sie mit möglichst wenig Aufwand schnell und perfekt funktionieren. Probieren Sie sie also bitte gleich beim Lesen aus. Es macht Spaß, und Sie werden staunen, wie rasch Sie Erfolge erzielen werden. Mit etwas Übung werden Sie Ihr Potenzial deutlich stärker ausschöpfen und Ihre Lebensqualität immens steigern. Und dass Sie dabei auch noch Zeit und Geld gewinnen – die meisten Menschen verlieren sehr, sehr viel Zeit und Geld durch das Vergessen unzähliger (auch wichtiger) Dinge –, ist ein schöner Nebeneffekt.

Ein sehr gut funktionierendes Gedächtnis bzw. Erinnerungsvermögen führt Sie aufmerksamer und schlauer durch Ihr Leben, es fördert sowohl Ihre Gesundheit als auch Ihre Beliebtheit. Fitness für unser Gehirn ist als Gesundheitsvorsorge genauso wichtig wie regelmäßige Bewegung für unseren Körper!

Also rüsten Sie sich gleich einmal mit einem Stift und einem Papierblock aus, damit Sie aktiv mitmachen können. Wenn Sie die nächsten Zeilen nur überfliegen, ohne aktiv zu werden, wird sich manches vielleicht »unpraktisch« oder »uncool« anhören. Wenn Sie sich aber dazu aufraffen, diese Techniken gleich auszuprobieren, könnten hier Samen gesetzt werden, die für den Rest Ihres Lebens wachsen und gedeihen und Ihr Leben verändern können.

Aller Anfang – ist leicht

Von klein auf hatte ich schon immer ein sehr gutes visuelles Erinnerungsvermögen, mit anderen Worten: Wenn ich mich an besondere Erlebnisse meiner Vergangenheit zurückerinnere, sehe ich die jeweilige Information wie ein Foto oder wie einen Film vor meinem geistigen Auge. Apropos Film; wenn ich mich zurückerinnere, sagen wir mal an meinen ersten James-Bond-Film – *Never Say Never Again* –, den ich im Kino gesehen habe, dann erinnere ich mich nicht nur sehr genau an den Blockbuster und daran, dass mein Alter unter der Altersfreigabe lag (!), sondern auch, auf was für einem Sessel ich saß, welche Kleidung die Personen um mich herum anhatten, und an viele weitere kleine Details ... Ich besitze als Gabe der Natur also quasi eine Art »fotografisches Gedächtnis«.

In den ersten Grundschuljahren war meine Lehrerin nicht sehr glücklich mit meinem Schriftbild und schickte mich einmal pro Woche ins sogenannte Schönschreiben; die Folge davon war, dass ich dadurch eher schreibfaul wurde und mir immer alles lieber gemerkt habe, als es aufzuschreiben.

Ich hatte dabei so meine eigenen Techniken und eine gute Beobachtungsgabe – aber nachdem ich 1988 den Film *Rain Man* sah, habe ich mich intensiv mit der Materie beschäftigt. Sich wie im Film alle gedealten Karten beim Black Jack zu merken, und dies gar bei einem Sechser-Schlitten (sechs Kartenspiele à 52 Spielkarten werden zusammengemischt), war natürlich äußerst beeindruckend, und das umso mehr, als ich das Kunststück dann auch selbst beherrschte.

Apropos *Rain Man*: Bevor wir loslegen, möchte ich noch mit einigen Legenden aufräumen. Es gibt wissenschaftlich keine Beweise, dass irgendjemand wirklich ein, im wörtlichen Sinn, »fotografisches Gedächtnis« besitzt oder dass es jemals einen Menschen mit einem fotografischen Gedächtnis gegeben hat. Es ist eine romantische Idee, die sich gut in Geschichten, Büchern, Filmen und auf der Bühne verkaufen lässt, handelt sich aber um einen Mythos.

Ein echtes fotografisches Gedächtnis würde bedeuten, dass die Person zum Beispiel auch Texte in einer nicht bekannten Sprache Buchstabe für Buchstabe, Punkt für Punkt wiedergeben könnte, und dies nach einer nur kurzen Betrachtung des Textes, einmal »blinken« sozusagen.

Was es hingegen gibt, sind ganz, ganz wenige Inselbegabte (auch als Savant bezeichnet) – in den meisten Fällen Autisten wie Kim Peek (der die Inspiration für Dustin Hoffmans Filmcharakter in *Rain Man* war) oder Stephen Wiltshire –, die ein sogenanntes eidetisches Gedächtnis besitzen, also sehr komplexe, mit unzähligen Details versehene Bilder/Szenen wiedergeben können, aber ansonsten leider eher weltfremd sind. Fans von Netflix bzw. von US-TV-Serien ist sicher auch der Charakter Mike Ross aus *Suits* bekannt: Auch er trumpft als Anwalt immer wieder mit seinem eidetischen Gedächtnis auf. Doch in den meisten Fällen hält die Speicherung bei einem eidetischen Gedächtnis nicht sehr lange an, und es kommen dabei doch kleine Fehler bzw. subjektive Interpretationen vor, weshalb die Erinnerungen sicherlich nicht im fotografischen Sinne perfekt sind.

Wissenschaftliche Untersuchungen zeigen klar, dass fast alle extremen Gedächtnisleistungen entweder unbewusst oder bewusst mittels Mnemotechniken erzielt werden – Techniken, die ich Ihnen beibringen werde. Oh, und ich habe natürlich selbst auch kein fotografisches Gedächtnis, sondern verwendete als Kind einfach unbewusst und später dann bewusst eben diese Mnemotechniken. Klar kann ich manchmal eine Szene fast »fotografisch« genau wiedergeben, aber dies sind besondere Momente, die ich bewusst erlebt habe und die sich einfach besonders gut in mein Gedächtnis einbrannten. Bei mir ist das Vermögen der Wiedergabe vielleicht etwas ausgeprägter als bei den meisten anderen, aber das ist ein ganz normales Talent. Doch wenn ich nicht aufpasse und mich nicht konzentriere, dann vergesse ich auch sehr vieles. Grundsätzlich erinnern wir uns ja nicht gerne an Sachen, die wir nicht interessant finden, wie etwa den Müll vor die Türe zu stellen.

Bei meinen Fernsehsendungen und auch auf der Bühne verwende ich aus dramaturgischen Gründen für das Storytelling natürlich den Begriff »fotografisches Gedächtnis«, aber in fast allen Fällen wende ich dann einfach nur Mnemotechniken an, oder es hat sogar gar nichts mit Erinnerungen zu tun, und ich gelange mithilfe anderer Strategien ans Ziel. Künstlerische Freiheit sozusagen, um die optimale »Experience« im Kopfkino der Zuschauer zu erreichen.

Und wenn wir schon dabei sind, möchte ich auch noch eine andere »Urban Legend« aufklären: Im Alter zwischen 13 und 15 Jahren wurde ich in der Zürcher Altstadt ständig von New-Age-Typen, Scientology-Mitgliedern und anderen angesprochen, die auf der Suche nach neuen Mitgliedern oder Kunden für Kurse etc. waren.

Wenn ich Zeit hatte und der »Verkäufer«/»Prediger« ein guter Kommunikator war, habe ich mich darauf eingelassen und mir den Pitch angehört. Einer dieser Pitch-Slogans von Scientology, aber auch von anderen Gemeinschaften, lautete: »Wir nutzen nur zehn Prozent unseres Gehirns ... Mit diesem Kurs kannst du dein Potenzial besser ausschöpfen.«

Spannend ist, dass der Zehn-Prozent-Mythos so weit verbreitet ist und in Büchern, in der TV-Werbung, Vorträgen und natürlich in diversen Hollywoodfilmen immer wieder verbreitet wird. L. Ron Hubbard, der Gründer von Scientology, war natürlich nicht der Erste, der diesen Blödsinn verbreitet hat, aber sicher einer der Aggressivsten, und oftmals pries er es sogar rotzfrech als Albert-Einstein-Zitat an. Denn je nach Aufgabenstellung ist unser Gehirn nur in den dazu passenden Bereichen aktiv, und es arbeiten nicht alle Bereiche auf einmal, was auch gut so ist. Natürlich können wir durch richtiges und sinnvolles Training unser Potenzial ungemein steigern, aber es ist nicht so, dass da gewissermaßen etwas brachliegt und wir mit einer Zauberformel auf einmal den Turbo anwerfen könnten. Und schon gar nicht mit den pseudowissenschaftlichen Methoden von L. Ron Hubbard.

Es ist ein wenig wie beim Sport: Talent und Technik sind wichtig, aber wenn die Muskeln nicht richtig stimuliert werden, dann ist das Resultat eben auch dementsprechend. Ohne Fleiß kein Preis, aber mit den richtigen Methoden kann man sich doch sehr viel Fleiß und Zeit sparen.

Last but not least: Beim letzten Mythos, den ich noch »platzen« lassen möchte, handelt es sich um jenen, der besagt, dass die linke Gehirnhälfte gleichsam für das Analytische und die rechte für das Kreative zuständig ist. Fakt ist vielmehr, dass unser Gehirn aus zwei Hemisphären besteht, die durch das »Corpus callosum« verbunden sind. Aber es gibt keinen wissenschaftlichen Beweis, dass wir die Gehirnhälften in genannter Weise einteilen können.

Das Linking-System

Damit Sie gleich einmal erfahren, wie effektiv Mnemotechniken sind, und wie schnell man damit erstaunliche Resultate erzielen kann, bitte ich Sie, sich nun dreißig Sekunden Zeit zu nehmen, um sich möglichst viele der folgenden Begriffe einzuprägen.

Los geht's. (Ich trinke in der Zwischenzeit schnell einen Grüntee.)

Begriffsliste:

1.	Schublade	11.	Banane
2.	Auto	12.	Glockenturm
3.	Stecknadel	13.	Batterie
4.	Baum	14.	Computer
5.	Regenschirm	15.	Rakete
6.	Koffer	16.	Tennisspieler
7.	Telefon	17.	Haus
8.	Baseball	18.	Bleistift
9.	Salami	19.	Blumenkohl
10.	Lastwagen	20.	Maus

Gut, die dreißig Sekunden sind um. Legen Sie nun bitte das Buch kurz zur Seite und versuchen Sie, die Begriffe in der richtigen Reihenfolge auswendig aufzuschreiben. Ich warte auf Sie ...

Ich hoffe, Sie haben brav mitgemacht. Legen Sie nun das Blatt Papier zur Seite – wir kommen später darauf zurück –, und kontrollieren Sie bitte das Ergebnis noch nicht. Sie können sich also wieder entspannen.

Einige von Ihnen hatten sicher größte Schwierigkeiten, die zwanzig Begriffe in der richtigen Reihenfolge wiederzugeben, je nachdem, ob Sie eine brauchbare Lernmethode verwendet haben oder nicht.

Wenn Sie keine Schwierigkeiten hatten, dann kennen Sie sicher schon die eine oder andere Mnemotechnik, oder Sie haben einfach ein Talent dafür. Manche von Ihnen haben vielleicht aus den Wörtern eine Geschichte gemacht und so versucht, die einzelnen Begriffe miteinander zu verknüpfen. Das kann gut funktionieren, aber dreißig Sekunden sind dafür vielleicht doch etwas knapp.

Ich werde Ihnen jetzt einige Methoden zeigen, mit denen Sie viel schneller und zuverlässiger als nur mit einer sich selbst erzählten Geschichte arbeiten können. Doch bevor es so weit ist, schreiben Sie die Liste – ohne zu schummeln – noch einmal auf; aber diesmal bitte rückwärts in der richtigen Reihenfolge. Ich gehe davon aus, dass Sie spätestens nun am Limit sind. Wenn Sie zudem davor noch eine Stunde Pause gemacht hätten, ja spätestens dann wäre es unmöglich gewesen, die zwanzig Begriffe in der richtigen Reihenfolge vorwärts oder rückwärts zu rekapitulieren, obwohl Sie sich richtig Mühe gegeben haben.

Wie können wir deshalb, mit möglichst wenig Aufwand, das Resultat ganz schnell verbessern?

Die meisten Menschen speichern nicht ganze Bilder in ihrem Gedächtnis ab (Stichwort »fotografisches Gedächtnis«), sondern sie speichern linear mit Verknüpfungen ab, also verbinden den Gedanken A mit dem Gedanken B in sogenannten Assoziationsketten. Wenige verwenden vielleicht eine Mischform – so wie ich – und speichern, je nach Situation, alles in einer linearen und/oder in einer »fotografischen« Form ab. Diejenigen aber werden mit der Technik des »Memory-Palace« besonders gut arbeiten können.

Aber erst einmal zurück zur Basis. Die Grundlage der Mnemotechniken liegt in der gezielten Verknüpfung (Linking-System) verschiedener Gedanken zu einer neuen Einheit.

Dies geschieht am besten mit einer extrem ausgeprägten Bildsprache. Wir stellen uns also das erste und zweite Wort bildlich vor und zwischen diesen beiden Wörtern/Begriffen eine neue und interessante Assoziation her. Je mehr Verknüpfungen wir schaffen, desto leichter ist es, sich etwas zu merken. Stellen Sie es sich vor wie bei einer Klette: Egal, wie und wo sie landet, sie kann sich immer festklammern.

Wichtig ist dabei:
- Die Bilder sollten sehr lebhaft sein. Wenn man sich für ein Bild entschieden hat, dann sollte man es wirklich ganz klar vor seinem geistigen Auge sehen.
- Seien Sie interaktiv mit den Bildern, mit anderen Worten: Wenn es lustig ist, betrachten Sie es, und finden Sie es auch wirklich lustig. Wenn es hässlich, schön, brutal, sexy … ist, dann empfinden Sie es auch so. Keine Angst: Sie werden den Dreh sofort raushaben, und die Bilder sind ja erfreulicherweise auch nur in Ihrem Kopf! Sie können also so verrückt sein, wie Sie wollen. Ich werde es keinem weitersagen, an was Sie so alles denken …
- Die Bilder sollten untereinander auch interaktiv sein; wenn Bild A neben Bild B sitzt, reicht dies natürlich nicht. Wenn aber A und B kämpfen, tanzen, ineinander verschmelzen … dann vergessen wir es nicht mehr. Alles, was alltäglich, langweilig oder blass ist, können wir uns nicht gut merken. Unser Hirn schützt uns so vor einem Überfluss an Informationen und Reizen, das ist durch unsere Evolution

schon vorgegeben: Es entspricht unserer Veranlagung, uns nur das Bedeutsame oder Wichtige für unser Überleben zu merken.

- Die Bilder sollten surreal, ungewöhnlich sein. Wenn Sie einen Mann mit einer Armbanduhr verlinken wollen, dann reicht es nicht aus, sich vorzustellen, dass sich der Mann die Uhr anlegt. Stellen Sie sich einen Mann vor, der eine Uhr aus einem Gemälde von Salvador Dalí herausreißt, und in dem Moment, in dem er die Uhr anzieht, verwandelt sie sich in eine Rolex oder sonst ein besonderes Schmuckstück Schweizer Uhrmacherkunst. Oder der Mann ist winzig klein, und die Armbanduhr ist riesig, und wenn er sie anzieht, wird er fast von der Uhr erschlagen ...

- Hier noch einige Anregungen: zu groß, zu klein, sexuell, viel Bewegung, unrealistisch, pervers, tote Gegenstände zum Leben erwecken, extra bunt, etwas, das normalerweise bunt ist, in Schwarz und Weiß sehen, zu dick, zu dünn, lustig, brutal, grotesk ...

Gehen wir nun zurück zu unserer Begriffsliste, und wenden wir diese Aspekte an. Stellen Sie sich alles bildlich vor, und überlegen Sie sich, was Sie dabei fühlen. Lassen Sie sich Zeit, und je intensiver Sie es sich vorstellen, desto einfacher wird es später für Sie.

Also zum Beispiel: Sie sind in Ihrer Küche und öffnen eine **Schublade**, um ein **Auto** hineinzudrücken; zum Glück ist es nur ein aufblasbares Auto, und Sie bringen es mit einer **Stecknadel** zum Platzen. Beim Knall verwandelt sich die Stecknadel in einen **Baum**, den Sie gerade noch rechtzeitig mit einem **Regenschirm** wegschlagen können, um nicht zerdrückt zu werden. Sie drehen am Griff des Regenschirms, und in James-Bond-Manier verwandelt sich der

Regenschirm in einen **Koffer**. Sie rennen mit dem Koffer aus dem Zimmer und stolpern; der Koffer fällt auf den Boden, und heraus springt ein winziges **Telefon**. Als Sie das Telefon aufheben, fällt ein **Baseball** aus dem Telefon heraus, den Sie dann mit einer riesigen **Salami** wegschlagen. Die Salami ist Ihnen dabei aus der Hand gerutscht und kracht gegen die Frontscheibe eines **Lastwagens**.

So schaffen Sie es, die Begriffe im Rahmen einer Geschichte miteinander zu verlinken, und durch die »expressionistische« Bildsprache können wir sie uns viel besser merken, als wenn wir daraus einfach nur eine »alltägliche«, realistische Geschichte gemacht hätten.

Man kann aber natürlich auch einfach immer nur die Begriffe paarweise miteinander verlinken:

Banane – Glockenturm: Vor mir steht eine riesige Banane, und King Kong reißt einen Glockenturm aus, um damit die Banane zu schälen.

Batterie – Computer: Die Freiheitsstatue in New York hält eine große Batterie in der Hand (anstelle der Fackel) und wirft diese auf einen vorbeischwimmenden Computer.

Rakete – Tennisspieler: Eine Rakete verfolgt einen Tennisspieler und jagt ihn über den Court in Wimbledon. Bum, bum.

Haus – Bleistift: Ich stecke ein Haus auf einen riesigen Bleistift, um ihn damit anzuspitzen.

Blumenkohl – Maus: In der Küche zerhacke ich mit bloßer Hand einen extraharten Blumenkohl, und wenn ich den Blumenkohl endlich entzweigehackt habe, springt aus dem Blumenkohl eine Maus heraus und beißt mich äußerst schmerzhaft in die Hand.

Ich hoffe, Sie haben sich in Ihrer Vorstellung wirklich alles lebhaft wie einen Film vorgestellt und den Text nicht einfach nur überflogen.

Dann legen Sie nun bitte das Buch beiseite, und gehen Sie im Kopf die Begriffsliste nochmals durch. Fangen Sie bei der Schublade an, und hangeln Sie sich dann von Begriff zu Begriff. Schauen Sie, wie weit Sie kommen, ohne dabei auf die Liste zu sehen. Falls Sie doch einmal hängen bleiben sollten, dann lesen Sie an genau dieser Stelle noch einmal die bildliche Beschreibung gut durch. Sie werden feststellen, dass Ihr Bild einfach nicht lebhaft genug war. Stellen Sie es sich deshalb noch einmal richtig gut vor, oder ändern Sie die Beschreibung so ab, dass Sie es sich noch besser vorstellen können. Dann machen Sie einfach weiter, bis Sie die ganze Liste durch sind.

Sehen Sie, wie einfach es war? Sie mussten nicht einmal bewusst etwas lernen, sondern haben nur versucht, die Bilder nochmals zu erleben. Und falls Sie noch Fehler gemacht haben – kein Problem, es ist ja das erste Mal, dass Sie mit dieser Technik arbeiten, und schon nach zwei, drei Versuchen wird es wie geschmiert laufen.

Das Linking-System ist einfach und sehr dankbar, um sich kurze Shoppinglisten oder auch To-do-Listen zu merken. Außerdem bildet es die Basis für alle anderen Systeme, die ich Ihnen noch beibringen werde.

Wenn Sie das nächste Mal einkaufen gehen, machen Sie sich eine Liste im Kopf mit guten Verlinkungen – so können Sie mit wenig Aufwand gut unterwegs üben, Spaß haben, und obendrein werden Sie Papier sparen.

Wie oft haben wir einen spontanen Gedanken: Wenn ich zu Hause bin, muss ich unbedingt noch dies und jenes erledigen. Doch dann kommt etwas Unerwartetes dazwischen. Oder kaum haben wir daran gedacht, kommt uns ein anderer wichtiger Gedanke in den Sinn, oder wir werden durch ein Telefonat unterbrochen, und, schwuppdiwupp, haben wir vergessen, was wir eigentlich tun wollten ... Immer wenn wir unterbrochen werden oder uns selbst mit neuen Gedanken unterbrechen, ist die Gefahr groß, dass wir etwas vergessen. Oft fällt es uns dann erst später wieder ein, wenn es schon zu spät ist.

Wenn wir aber ganz schnell eine Verlinkung machen, dann ist es quasi gespeichert.

Kleiner Tipp am Rande: Wenn wir mit einem Gedanken im Kopf von einem Raum in den anderen gehen, passiert es sehr oft, dass uns in diesem Moment der Gedanke entfällt. Besonders, wenn wir dabei noch eine Türe öffnen oder schließen. Wir können den Gedanken dann nicht mehr richtig greifen oder formulieren. Unser Hirn macht manchmal einfach einen Haken, wenn wir uns in eine neue Situation – einen neuen Raum – begeben. In den meisten Fällen reicht es dann schon aus, nochmals in den vorigen Raum zurückzukehren, und urplötzlich fällt es uns wieder ein. Wie wenn man einen Gegenstand verlegt oder verloren hat, begibt man sich an den Ort zurück, bei dem man sich ganz sicher ist, dass man da den Gegenstand noch hatte. Von dort geht man dann seinen Weg Schritt für Schritt weiter und versucht alles zu rekonstruieren.

Wenn ich mit dem Auto zu einem Auftritt unterwegs bin, kommen mir immer viele Gedanken. Wenn diese mit dem jeweiligen Abend oder mit der Show direkt etwas zu tun haben: umso besser – es wird dann alles gleich verarbeitet.

Aber wenn mir etwas in den Sinn kommt, das ich unbedingt *nach* der Show, wenn ich wieder zu Hause bin, erledigen sollte, dann wird es schon schwieriger. Nach einem Auftritt ist mein Gehirn so voll mit neuen Eindrücken und unzähligen Ideen, dass es echt schwer für mich ist, an »weiter Zurückliegendes« zu denken.

Sagen wir, ich muss nach einem Auftritt unbedingt noch die Steuererklärung in den Briefkasten des Finanzamtes einwerfen. Dann stelle ich mir vor, wie ich auf meine Haustüre zulaufe, und beim Öffnen blockiert ein riesiger Aasgeier den Zugang, der mich erst reinlässt, wenn ich ihm die Steuererklärung aushändige. Sobald ich wirklich zu Hause eintreffe und meine Tür erreiche, werde ich mich dann automatisch via Verknüpfung daran erinnern ...

Wenn Sie einmal eine Rede oder einen Vortrag halten müssen, können Sie das Linking-System ebenfalls gut gebrauchen. Gehören Sie zu den Menschen, die einigermaßen frei sprechen können, dann sollten Sie eine Rede oder einen Vortrag ja nie auswendig lernen, sondern sich nur Stichwortkarten mit den wichtigsten Punkten anfertigen und so frei wie möglich erzählen. (Diejenigen hingegen, die sich nur wohlfühlen, wenn sie den ganzen Vortrag auswendig beherrschen, weil sie sonst zu nervös sind, hängen bleiben, nicht fehlerfrei oder ohne Ähs und andere kleine Aussetzer sprechen können, werden im Kapitel »Memory-Palace« die richtige Methode für sich finden.)

Apropos Stichwortkarten: Wenn Sie nun die wichtigsten Punkte auch noch visuell gut miteinander verlinken, dann brauchen Sie die Karten gar nicht mehr und können den Vortrag völlig frei halten. Sie sind in der Lage, sich ganz dem Publikum zu widmen, können die Zuhörer ansehen, kommen dadurch viel sympathischer und kompetenter rüber und es fällt Ihnen leichter, das Publikum zu steuern und bei der Stange zu halten.

Das PEG-System

Die Aufmerksamen unter Ihnen haben es vielleicht schon gemerkt: Das Linking-System hat zwei große Schwachstellen.

Wenn man irgendwo mal bei einem Wort einen richtigen Hänger hat, bricht eventuell die ganze Verbindungskette zusammen, und man kann dann nicht einfach etwas auslassen, um an späterer Stelle wieder einzusteigen. Außerdem ist es manchmal auch wichtig, nicht nur etwas in einer bestimmten Reihenfolge vorwärts und rückwärts zu lernen, sondern auch, ohne nachzudenken und abzuzählen, jeweils zu wissen, an welcher Stelle genau sich etwas befindet.

Zudem kann man sich mit dem Linking-System nur Wörter bzw. Begriffe aus einer Liste merken; bei Zahlen würde es nicht funktionieren. Zahlen sind sowieso schwierig zu merken: Sie sind abstrakt und regen unsere Fantasie schwerlich an.

Das PEG-System erlaubt es Ihnen jedoch, auch mit Zahlen zu arbeiten, damit Sie sich Telefonnummern, Artikelnummern, Zimmernummern und PIN-Codes ohne Probleme merken können. Da wir uns Zahlen nicht gut als Bilder vorstellen können, werden dabei den Zahlen einfach bestimmte Bilder fix zugeordnet – und wir lernen einmal diese Zahlen-Bilder-Liste auswendig und können dann mit der Verlinkungsmethode diese Bilder mit dem, was wir uns an Neuem merken möchten, verbinden.

Ein sehr verbreiteter und einfacher Weg, um die Zahlen von eins bis zehn in Begriffe umzuformen, ist der, Wörter auszuwählen, die sich auf die jeweiligen Zahlen reimen.

1 =	Ein – Bein		4 =	Vier – Stier
2 =	Zwei – Blei		5 =	Fünf – Strümpf
3 =	Drei – Brei		6 =	Sechs – Hex(e)

7 =	Sieben – Riemen	9 =	Neun – Scheun(e)
8 =	Acht – Yacht	10 =	Zehn – Feen

Kommen wir nun wieder auf unsere Begriffsliste vom Anfang zurück, dann können wir ganz einfach, wie gehabt, mit der Verlinkungsmethode arbeiten.

Das erste Wort auf der Liste war Schublade, also müssen wir dies mit dem Bein (1 = Ein – Bein) verknüpfen und könnten uns dann Folgendes vorstellen: Wir hinken durch einen Gang, weil uns eine riesige Schublade am Bein festklebt. Wenn uns nun jemand fragt, welches Wort sich auf der Position eins befinde, dann wissen wir ja Ein(s) = Bein, und uns fällt dann sofort die Schublade dazu ein.

Eine sehr simple Methode, die aber auch schnell an ihre Grenzen stößt. Denn das Reimen wird bei den höheren Zahlen schnell einmal schwierig, und zusätzlich bin ich persönlich kein Fan dieser Methode, da ich lieber mit einer reinen Bilderliste arbeite, die mich nicht einschränkt und bei der ich alles visuell halten kann.

Auch wenn ich diese Liste also eigentlich nie verwende, habe ich sie dennoch im Hinterkopf für den Fall, dass meine »normalen« Kurzlisten besetzt sind bzw. wenn ich sehr viele kurze Listen gleichzeitig verwenden möchte.

Wobei ich dann eine englische Variante verwende, die dank der kurzen Wörter einfach besser funktioniert – und es bildet einen zusätzlichen Kontrast.

1 =	one is a bun	6 =	six are sticks
2 =	two is a shoe	7 =	seven goes to heaven
3 =	three is a tree	8 =	eight is a gate
4 =	four is a door	9 =	nine is a line
5 =	five is a hive	10 =	ten is a pen

Eine sehr einfache, aber effektive Methode, die ich ständig für kurze Listen verwende, ist die sogenannte Körperroute. Bei dieser werden verschiedenen Körperteilen Fixpunkte zugeteilt, und ich arbeite mich dann von oben nach unten immer gleich durch. Je nachdem, wie viele Körperteile Sie verwenden wollen, können Sie sich so eine Route von 1–10, 1–20 oder sogar 1–30 festlegen.

Eine noch größere Route macht keinen Sinn, da es verwirrend sein kann, wenn die Bilder zu nah beieinanderliegen. Die Verwendung von Augenbraue, Augenlid und dann noch dem Auge als solchem wäre zum Beispiel etwas schwierig.

Im Folgenden finden Sie meine Route, die Sie am besten, nachdem Sie das Ganze einmal ausprobiert haben, nach Ihrem Gusto verändern und anpassen sollten.

1 =	Haare	11 =	linker Ellbogen
2 =	Augen	12 =	linke Hand
3 =	Nase	13 =	Bauch
4 =	Mund/Zähne	14 =	unterer Rücken
5 =	Kinn	15 =	Gesäß
6 =	Hals	16 =	Genitalien
7 =	Schultern	17 =	rechtes Knie
8 =	Brust	18 =	rechter Fuß
9 =	rechter Ellbogen	19 =	linkes Knie
10 =	rechte Hand	20 =	linker Fuß

Nehmen wir nun diese Körperroute und gehen unsere Begriffsliste komplett durch.

Stellen Sie sich folgende Geschichte in (extremer) Bildsprache vor: Eine **Schublade** klebt an Ihren **Haaren,** und Sie versuchen sich die Schublade vom Kopf zu reißen, dabei verwandeln Sie sich in

Superman, und mit Ihren Laserstrahlenblick-**Augen** zerstören Sie unabsichtlich ein **Auto**. Um sich zu beruhigen, stecken Sie sich eine **Stecknadel** in die **Nase** und reißen einen **Baum** mit den **Zähnen** aus. Um sich wieder ganz unter Kontrolle zu bekommen, balancieren Sie einen **Regenschirm** auf Ihrem **Kinn**, während Ihnen ein **Koffer** quer im **Hals** stecken geblieben ist.

Dann klingelt das **Telefon**, das auf Ihren **Schultern** festgeschraubt ist, und jemand erzählt Ihnen dabei, dass ein betrunkener Schönheitschirurg einen **Baseball** statt eines Silikonkissens in Pamela Andersons **Brust** eingepflanzt hat. Vor lauter Lachen wächst Ihnen eine **Salami** aus Ihrem **rechten Ellbogen,** und Sie packen dabei einen **Lastwagen** mit der **rechten Hand** am Kühler und heben ihn senkrecht in die Höhe. Dadurch haben Sie Hunger bekommen, Sie schälen Ihren **linken Ellbogen** wie eine **Banane** und essen ein Stück davon. Plötzlich werden Sie fürchterlich wütend und reißen mit der linken Hand den **Glockenturm** neben sich aus, weil es schon so spät ist und Sie vergessen haben, die **Batterie** in Ihrem **Bauch** zu wechseln. Frisch unter Strom funktioniert Ihr auf dem **unteren Rücken** montierter **Computer** wieder einwandfrei, und Sie können damit die **Rakete,** die bei Ihnen im Hintern (**Gesäß**) steckt, problemlos zünden. Sie erschrecken sich und strecken Ihre **Genitalien** einem berühmten **Tennisspieler** entgegen. Vor lauter Scham fallen Sie auf die Knie, und ein winzig kleines **Haus** bleibt in Ihrem **rechten Knie** stecken. Um von den Schmerzen abzulenken, stecken Sie sich einen **Bleistift** in Ihren **rechten Fuß** und hauen sich dabei mit dem **linken Knie** aufs linke Ohr, welches sich daraufhin sofort in einen **Blumenkohl** verwandelt. Blind vor Schmerzen bemerken Sie nicht, dass Sie mit Ihrem **linken Fuß** auf einer **Maus** stehen.

Wenn Sie sich diese Geschichte wirklich bildlich vorgestellt haben, sollten Sie die zwanzig Begriffe vorwärts, rückwärts und auch kreuz und quer aufsagen können. All dies ganz mühelos – mit nur ein wenig Fantasie und einer gut eingeprägten Körperroute.

Machen Sie den Test, schreiben Sie nun bitte noch einmal alle zwanzig Begriffe der Reihenfolge nach auf, und vergleichen Sie beide Resultate. Erstaunlich, nicht wahr? Das Tolle daran ist, dass Sie diese Begriffe, wenn Sie es wollen, auch noch in zwei Wochen exakt aufsagen können. (Wie wir das Ganze wieder vergessen, wenn wir diese Information nicht mehr brauchen, bringe ich Ihnen etwas später bei.)

Die Körperroute bietet sich an, wenn Sie sich schnell und für eine kürzere Zeit eine Liste von fünf bis zwanzig Begriffen (oder auch noch dreißig, je nachdem, wie Sie Ihre Körperroute bestimmt haben) merken müssen. Zum Einsatz kommen kann sie zum Beispiel mit Blick auf eine Shoppingliste oder auch eine »Was muss ich alles einpacken«-Liste.

Apropos einpacken: Sie kennen sicher noch das Kinderspiel Kofferpacken (»Ich packe in meinen Koffer ...«). Dabei kann man die Mnemotechniken sehr schön üben – und mit den Systemen, die ich Ihnen später vorstellen werde, können Sie sich locker sogar hundert Wörter in Windeseile merken.

Machen Sie sich nun bitte eine neue Liste mit zwanzig Begriffen, oder noch besser, fordern Sie einen Freund auf, beliebige Wörter aufzuschreiben. Um es nicht unnötig schwer zu machen, beschränken Sie sich zuerst einmal nur auf Substantive, damit Sie es sich leicht bildlich vorstellen können. Abstrakte Substantive müssen Sie einfach in Bilder umwandeln. Meistens existieren ja auch schon Symbole dafür: ein Herz für die Liebe, Schneewittchens Spiegel als Zeichen von Eitelkeit, das Friedenszeichen, Smileys, Verkehrsschilder ... Wenn Sie diese Symbole dann auf ungewöhnliche Weise in Ihre Bildsprache verpacken, dann ist auch dies kinderleicht. Jeder springt auf Assoziationen anders an, und wenn Sie nun Ihre eigenen kreieren, werden Sie mit Freude feststellen, dass es noch leichter und schneller funktioniert.

Im Grunde basieren bei den Mnemotechniken alle Assoziationen auf Paarbildung, indem wir zwei Bilder möglichst originell miteinander verlinken.

Statt zu reimen oder die Körperroute zu verwenden, werden wir uns nun einen Katalog von zwanzig oder sogar fünfzig Bildern erstellen, bei dem jedes Bild genau einer Zahl entspricht. Es gibt dafür drei Ansätze:

1. Man kann etwas im Bild assoziieren, das der Zahl entspricht: Ein Kleeblatt hat vier Blätter.
2. Man kann die Zahl in das Bild gleichsam hineinschreiben: Ein Kleiderbügel sieht aus wie eine Zwei.
3. Ein Bild steht sinngemäß für eine Zahl: ein Auto für die Zahl 18 – mit 18 Jahren darf ich Auto fahren.

In diesem Sinne stellen wir uns nun eine Liste zusammen:

Da man diese am besten individuell ausarbeitet, habe ich hier nur einige Anregungen für Sie (und ich gebe Ihnen extra nicht meine Liste).

0 =   Fußball, Ei, Rad, Sonne
1 =   Rakete, Streichholz, Kerze, Tannenbaum
2 =   Kleiderbügel, Schwan
3 =   Dreizack, Kuchenstück
4 =   Segelschiff, Stuhl von der Seite, eine viereckige Schachtel, Kleeblatt
5 =   Hand, Haken

6 = Pfeife, eingedrehter Elefantenrüssel, Lasso, Kirsche mit Stiel

7 = Sense, Fahne, Bumerang, Sprungturm

8 = Schneemann, Brezel, Achterbahn

9 = Luftballon an einer Schnur, Monokel

10 = Handschuhe, Golfschläger mit Ball

11 = Skier, Gabel und Löffel, Gleise

12 = Uhr, Boxhandschuh (K. O.)

13 = Gespenst ...

Ich habe mir eine Bilderliste passend zu den Zahlen 1–50 erstellt und dann noch zusätzlich eine weitere Bilderliste mit zehn anderen Bildern eingeprägt. Wenn Sie gut zeichnen können, dann erstellen Sie am besten eine Liste mit Zeichnungen, man kann da leichter kreativ sein. Aber es geht natürlich auch, wenn Sie mit Fotos oder schon vorhandenen Zeichnungen aus dem Internet arbeiten. Wenn man dann die Liste gelernt hat – einmal aufzeichnen, und alles ist abgespeichert –, dann kann man mit der Verlink-Methode weiter-machen.

Nehmen wir noch einmal unsere Begriffsliste her: Dann könn-te man mit einer Rakete die Schublade aufmachen und mit einem Kleiderbügel das Auto abschleppen. Mit der Stecknadel esse ich das Kuchenstück und mit einem Segelschiff versuche ich einen Baum zu fällen usw., das Ganze abgestimmt auf Ihre persönliche Bilderliste.

So können wir uns die Begriffe in der richtigen Reihenfolge merken – aber wir können uns damit natürlich auch eine Num-mernkombination merken.

Je nachdem, wie lang meine Liste ist, kann ich die Nummern-kombination in einzelne Ziffern zerlegen und immer die Zahlen von null bis neun verwenden, oder ich packe immer zwei Ziffern zusam-men zu einer Zahl, damit meine Bildergeschichte nicht so lang wird.

Für kurze Zahlen wie bei einem PIN-Code, einer Telefonnummer etc. bietet sich diese Methode an.

Die Reihe 6 7 2 4 0 1 9 9 zum Beispiel könnte man sich so vorstellen: Ich esse eine Kirsche, und bevor ich den Stiel abreißen kann, wird er von einem Bauern mit der Sense abgemäht. Vor Schreck falle ich in einen Teich mit einem Schwan, der gerade ein vierblättriges Kleeblatt frisst. Kaum aus dem Wasser, kommt ein Ei auf mich zugeflogen, das hinter mir auf einer Kerze landet. Dabei lässt ein Kind zwei Luftballons fliegen ...

Für richtig große Zahlen ist diese Methode natürlich etwas zu umständlich, aber wir werden für lange Zahlenkombinationen später noch eine andere Methode kennenlernen (das Master-System). Vorerst verlassen wir nun das PEG-System, und wenn Sie die bisher gelernten Prinzipien gemeistert und verinnerlicht haben, werde ich Ihnen meine absolute Lieblingsmethode beibringen, bei der alles auf ein ganz anderes Niveau gehoben wird.

Das Loci-System

Das Loci-System (von lat. »locus« = Ort, Platz) ist meine absolute Lieblingsmethode. Einfach, praktisch und mit sehr wenig Aufwand erzielt man einen großen Ertrag. Die Methode geht auf die alten Griechen zurück; angeblich soll der Poet und Redner Simonides von Keos die Methode um 500 v. Chr. erfunden haben und somit der Urvater der griechischen Gedächtniskunst sein.

Cicero, selbst ein eifriger Verwender der Loci-Methode, schrieb in seinem Werk *De oratore*, dass Simonides von dem noblen Skopas engagiert worden sei, um bei einem Festmahl ein Lobgedicht zu dessen Ehren vorzutragen. Da Simonides im Loblied auch Kastor und Pollux erwähnte, wollte der sparsame Skopas allerdings nur die Hälfte des ausgemachten Honorars zahlen, den Rest solle er sich von den Zwillingsgöttern geben lassen, da er ihnen ja schließlich auch einen Teil des Gedichts gewidmet habe. Etwas später wurde Simonides eine Nachricht überbracht, er möge sich nach draußen begeben. Er verließ den Festsaal, aber konnte niemanden vorfinden. Kurz darauf stürzte der Festsaal ein, und Skopas und seine Gäste wurden unter den Trümmern begraben. Die Leichen waren so entstellt, dass sie nicht mehr zu identifizieren waren. Da sich Simonides aber an die genaue Sitzordnung erinnerte, konnte er die jeweiligen Leichen den Angehörigen richtig zuordnen. So erkannte er, dass es einem leichtfällt, räumliche Verknüpfungen mit zusätzlichen Informationen geordnet wiederzugeben.

Die Loci-Methode funktioniert also, indem man Bilder in Gedanken bestimmten Orten zuordnet oder mit den Orten verbindet, die sich auf einer bestimmten Route befinden, die man in- und auswendig kennt. Oder anders: Die Bilder repräsentieren Objekte oder Wörter, die Sie sich merken möchten, und diese Bilder werden dann mit fixen Orten, die Sie gut kennen, visuell verknüpft.

Diese Orte liegen auf einer vorher definierten Route, die immer gleich ist, wie zum Beispiel entlang Ihrer Straße, rein in Ihr Haus oder Ihre Wohnung und dann durch jeden einzelnen Raum. Als aufmerksamer Leser haben Sie sicher schon bemerkt, dass dieses System ähnlich wie die Körperroute funktioniert, aber unzählige Möglichkeiten bereitstellt. Am Anfang können Sie einfach einmal in jedem Raum ein Bild »ablegen« – und dann steigern Sie es so weit, bis jede Wand in Ihrem Haus einen Fixpunkt hat, den Sie mit einem Bild verknüpfen.

Meine eigene Lieblingsroute befindet sich im Haus meiner Eltern. Ich fange immer im oberen Stockwerk im Badezimmer an, stehe dabei vor dem Waschbecken und sehe in den Spiegel.

Wenn ich jetzt noch einmal unsere Beispielliste hernehme, dann würde es wie folgt aussehen: Ich stehe vor dem Waschbecken und drehe den Wasserhahn auf; dabei merke ich, wie der verstopft ist und dann plötzlich eine **Schublade** herauspresst. Ich drehe mich weiter nach links und möchte in die Badewanne steigen, doch die ist schon von einem **Auto** besetzt, das den Abfluss hinunterfährt. Ich drehe mich weiter nach links und setze mich zum Ausruhen aufs Klo, von dem ich erschrocken aufspringe, da mich eine **Stecknadel** ins Bein gestochen hat, die am Klodeckel festgeklebt war. Blutend drehe ich mich weiter nach links und öffne den Wandschrank, um den Verbandskasten herauszunehmen. Als ich ihn öffne, springt ein **Baum** aus dem Verbandskasten heraus. Erschrocken lasse ich alles fallen und verlasse das Zimmer ...

Einige ganz wichtige Regeln sind hierbei zu beachten:
- Legen Sie gleich von Anfang an fest, dass Sie sich immer im Uhrzeiger- oder Gegenuhrzeigersinn bewegen, und wechseln Sie dann Ihr System nicht mehr. Ich bewege mich immer im Gegenuhrzeigersinn – immer der Ohrfeige nach – durch

meine Routen, da dies als Rechtshänder natürlicher ist, aber beides funktioniert gut, solange Sie es immer gleich machen.

- Haben Sie in jedem Raum die gleiche Anzahl an Fixpunkten, nicht einmal in einem Raum nur zwei und in einem anderen dann vier. Wenn Sie etwas geübter sind (Memory-Palace), dann spielt es keine so große Rolle, aber fürs Erste nehmen Sie einfach vier Fixpunkte pro Zimmer.

- Wenn Sie sich in ein neues Zimmer begeben, drehen Sie sich dann zur rechten Wand (wenn Sie im Uhrzeigersinn durch die Räume gehen, ist einfach alles umgekehrt) und dann weiter im Gegenuhrzeigersinn, und wenn Sie mit den vier Wänden durch sind, dann geht es direkt zur nächsten rechten Wand im nächsten Zimmer.

- Fangen Sie im hintersten Zimmer im obersten Stock oder im hintersten Zimmer im Keller an, und bewegen Sie sich dann systematisch durch das Haus/die Wohnung. Ich fange nicht gern an der Haustüre an, da ich mir die Option, nach draußen zu gehen, noch offenhalte (Memory-Palace).

- Es hilft Ihnen vielleicht, wenn Sie Ihre Route (im Haus/ in der Wohnung, Arbeitsweg ...) zuerst einmal physisch bewusst ablaufen, um sie sich so gut einzuprägen. Aber dann setzen Sie Ihre Fixpunkte besser nur in Ihrer virtuellen Welt fest, da Sie ja später auch alles im Kopf machen müssen; so sind Sie sich auch gleich sicher, dass Sie keine »schwachen« Fixpunkte auswählen, die Sie sich dann nicht ausreichend gut bildlich vorstellen können.

- Wählen Sie keine Fixpunkte aus, die sich öfters einmal ändern, etwa ein Bild an der Wand, das Sie alle paar Wochen wieder umhängen. Aus diesem Grund habe ich auch lieber mein Elternhaus und nicht mein eigenes Heim als Hauptroute ausgewählt. Auch wenn meine Eltern etwas

> umstellen würden: In meinem Kopf bleibt es immer so, wie ich es abgespeichert habe.
>
> - Nummerieren Sie die Zimmer durch (später werden wir lernen, wie ich einfach einen Marker setzen kann für kompliziertere Routen), damit Sie zum Beispiel sofort das 16. Objekt auf Ihrer Merkliste wissen, ohne dabei durch die ganze Route marschieren zu müssen. Dank des Durchnummerierens der Zimmer wissen Sie sofort, dass sich das 16. Objekt im vierten Zimmer an der letzten Wand befindet.

Das Schöne an diesem System ist, dass Sie, sollten Sie dennoch einmal einen Begriff vergessen, getrost auf Ihrer Route weiter zum nächsten Begriff gehen können und nicht wie beim Linking-System hängen bleiben.

Wenn Sie eine Rede oder einen Vortrag vorbereiten, ist diese Methode ebenfalls äußerst praktisch, da Sie immer weiter auf Ihrer Route voranschreiten können und nicht von dem vorherigen Begriff abhängig sind.

Lassen Sie uns das Ganze noch einmal mit einer neuen und etwas schwierigeren Liste ausprobieren – einer mit Tätigkeiten und nicht einfach nur mit Objekten:

1 = den Hund füttern
2 = den Müll raustragen
3 = Stromrechnung bezahlen
4 = Blumen kaufen
5 = Markus anrufen
6 = meiner Mutter einen Gruß von Mr. X ausrichten

7 = Texte fürs neue Programm überarbeiten

8 = Musik für ein neues Video finden ...

Gehen Sie in Gedanken Ihre Route in Ihrem Haus in Ruhe durch, und setzen Sie in jedem Raum an jeder Wand einen Fixpunkt (Loci) fest. Der Fixpunkt muss jetzt nicht unbedingt an der Wand sein (hängen, stehen, festgeschraubt, bemalt sein ...), aber die Zuordnung zur jeweiligen Wand muss ganz klar sein. Der Fernseher, der davorsteht, der Heizkörper, das Hundebett ... Wenn mal eine Wand wirklich einfach ganz leer sein sollte und sich auch keine Möbel oder sonst etwas Markantes in der Nähe befindet, dann stellen Sie sich einfach ein Gemälde oder Foto vor, das dort hängen könnte. Nun haben Sie Ihre Fixpunkte und können an denen nun die Dinge, die Sie sich merken wollen, festmachen.

Fangen wir diesmal in der Küche an. Zuerst müssen wir den Hund füttern, also mache ich mir ein starkes Bild davon an meinem ersten Fixpunkt, dem Kühlschrank. Bei mir könnte dies dann so aussehen: Am Kühlschrank befestige ich den **Hund** mit einem Magneten, und während er da so hängt, **füttere** ich ihn.

Ich drehe mich zur nächsten Wand und werde vor lauter Müllsäcken, die aus dem Ofen herausquellen, fast erdrückt. Um mich weiterhin bewegen zu können, **trage** ich schnell den **Müll raus**. Endlich herrscht wieder etwas Platz in der Küche, und ich möchte mir die Hände waschen (nächste Wand), aber da ich vergessen habe, die **Stromrechnung** zu **bezahlen**, muss ich den Strom vom Nachbarn abzapfen, und nun ist die Leitung im Weg. Ich begebe mich zur letzten Wand in der Küche: Aus allen Regalen hängen Hunderte verdorrte Blumen heraus, sodass ich schnell noch frische **Blumen kaufen** gehe. Weiter geht es im Wohnzimmer, wo **Markus,** auf dem Kachelofen liegend, auf sein Telefon starrt und auf meinen **Anruf** wartet.

Nun vergessen Sie mal meine Beispiele, und legen Sie Ihre eigenen Bilder auf Ihrer eigenen Route ab. Wenn Sie fertig sind, dann schreiten Sie in Gedanken einfach Ihre Runde ab, und bei jedem Fixpunkt werden Ihnen die Bilder/Tätigkeiten von ganz allein einfallen. Sollte einmal etwas verschwommen sein, oder Sie haben bei einem Bild Probleme, dann ändern Sie das Bild zu etwas ab, das besser einzuprägen ist. Denken Sie daran: Die Bilder müssen lebhaft, farbig und surreal sein, um sich vom Alltag abzuheben. Am Anfang benötigen Sie natürlich auch etwas länger, um sich solche Bilder im Kopf zurechtzulegen, aber mit ein wenig Übung geht dies dann ruckzuck.

Der Memory-Palace

Der Memory-Palace oder auch Gedächtnispalast ist für mich ein Konstrukt von erstaunlicher Schönheit. Einige von Ihnen sind vielleicht schon einmal in der Literatur (Hannibal Lecter in *Hannibal* und *Hannibal Rising* von Thomas Harris, *Dreamcatcher* von Stephen King) oder in Filmen/TV-Serien (*Sherlock*, *The Mentalist*, *Criminal Minds*, *Suits*) auf diesen Begriff gestoßen. Doch was ist ein Memory-Palace genau? Nun, der Memory-Palace ist ein Loci-System »auf Steroiden« – mit nur positiven Nebenwirkungen. Hiermit werden Sie Ihre Kreativität ungemein steigern.

Die Loci-Methode, die ich Ihnen vorstellte, hat ihre Grenzen. Sie verfügen ja nicht über unzählige Räume in Ihrem Haus, und es werden Ihnen deshalb bald die Fixpunkte ausgehen. Zudem können Sie Ihre Route nur einmal aktiv verwenden und nicht mit einer weiteren Begriffsliste belegen. Wenn Sie die Begriffsliste nicht mehr verwenden, ist es leicht, die Bilder zu löschen und die Route mit frischen Bildern zu belegen (siehe Kapitel »Lost«). Eine Lösung ist, dass Sie sich gleich mehrere Routen zulegen (alle Wohnungen/Häuser, in denen Sie gelebt haben oder sich perfekt auskennen [Schule, Uni, Arbeitsplatz ...]), und wenn eine Route belegt ist, nehmen Sie einfach eine andere. Das Gleiche würde auch funktionieren, wenn Sie bei einer Route zu wenige Fixpunkte haben und dann am Ende einfach die nächste Route dranhängen. Und somit wären wir schon fast beim Memory-Palace.

Die Idee dahinter ist, dass wir uns einen riesigen Palast (Schloss, Hotel ...) mit Hunderten von Zimmern vorstellen und dann nicht nur die vier Wände pro Raum als Fixpunkte wählen, sondern so viele gute bzw. markante Fixpunkte pro Raum wie möglich. Zusätzlich werden Schränke, Türen, Fenster oder sogar ein Fernseher als

»Portale« gesehen, in die man hineingeht, um sich neue Räume zu erschließen.

Statt sich nun aber einen riesigen Memory-Palace einfach aus der Fantasie heraus zu konstruieren, empfehle ich, nur reale Räume zu nehmen. Der erste Schritt, den Sie dazu machen sollten, ist, die Anzahl der Fixpunkte auf Ihrer Route zu erhöhen. Wenn ich mich wieder ins Badezimmer meiner Eltern begebe und vor dem Spiegel stehe, dann wähle ich nicht die ganze Wand als Fixpunkt aus, sondern zuerst den Spiegel, dann kommt darunter der Wasserhahn, dann das Waschbecken und so weiter. Wichtig ist, dass jeder Fixpunkt markant und für sich genommen eine Einheit ist. Ich würde also den Wasserhahn nicht noch einmal unterteilen in kaltes oder warmes Wasser, aber jeder markante Ort, an dem Sie ein Bild ablegen oder mit dem Sie es verknüpfen können, funktioniert.

Wenn Sie nun all diese Fixpunkte auf Ihrer Route bestimmen, müssen Sie die Route natürlich immer in derselben Reihenfolge abgehen. Ich gehe, wie gesagt, immer der Ohrfeige nach, und wenn es auf derselben vertikalen Ebene mehrere Fixpunkte gibt, dann setze ich meinen Weg immer von oben nach unten fort.

Da wir nun pro Raum eine unterschiedliche Anzahl von Fixpunkten haben, können wir natürlich nicht mehr sofort sagen, was zum Beispiel Begriff Nummer 16 auf unserer Liste ist. Daher platzieren wir nach jedem fünften Fixpunkt einen Marker; das könnten spezielle Aufkleber sein, fünf Kreidestriche oder Abdrücke einer bemalten Kinderhand, die auf dem Fixpunkt Spuren hinterlassen hat. So können wir dann ganz schnell alles zuordnen, ohne dabei die ganze Route abzuschreiten.

Gehen Sie Ihre »Hauptroute« bitte mehrmals durch, bis sie richtig sitzt und es Ihnen ganz leicht fällt, alle Fixpunkte in der richtigen Reihenfolge »abzuschreiten«. Nun sind Sie bereit, um Ihren

Memory-Palace wachsen zu lassen. Bei allen Fixpunkten, die ein »Portal« für Sie darstellen können, ist es möglich, nun ein anderes bekanntes Gebäude dranzuhängen (von Ihrem Haus zum Haus Ihrer Großeltern gewissermaßen...). Die Portale können, wie schon erwähnt, Türen sein, aber Sie können auch im Waschbeckenabfluss, in der Toilette oder auch in einem Bett abtauchen/versinken und durch ein Portal in ein anderes Gebäude gelangen. Oder Falltüren, Geheimtüren hinter einem Bücherregal etc. nutzen – seien Sie kreativ.

Wenn Sie größere Informationsmengen permanent im Gedächtnis behalten wollen – zum Beispiel alle Hauptstädte der Welt oder alle US-Präsidenten in der richtigen Reihenfolge –, dann geben Sie diese einfach in ein eigenes Gebäude, das Sie dann an Ihr Hauptgebäude »andocken«. Von Zeit zu Zeit müssen Sie die permanent gespeicherten Informationen natürlich kurz Revue passieren lassen, damit die Erinnerung nicht schwächer wird.

Anstelle von schon bekannten Gebäuden können Sie natürlich jederzeit neue Routen kreieren, indem Sie neue Gebäude oder auch Wege (durch Parks, Gärten, den Arbeitsweg, Weg zum Bahnhof, die Hafenrundfahrt ...) hinzufügen. Besuchen Sie ein Museum (Theater, Hotel, Bibliothek, Universität ...) an einem Tag, an dem nichts los ist, und legen Sie sich dort eine neue Route zurecht. Verwenden Sie nicht die Kunstwerke oder die Installationen als Fixpunkte, da sich ja die Ausstellungen ständig ändern, sondern das Gebäude an sich.

Wenn Sie als Tourist eine neue Stadt besuchen und Fotos von Sehenswürdigkeiten schießen, machen Sie daraus gleich eine Route, sodass Sie auch immer wieder in Urlaubserinnerungen schwelgen können, wenn Sie die Route verwenden. Erzeugen Sie Glückshormone durch »Ferien in Gedanken«.

Ihr Zuhause ist nun durch viele Portale mit anderen Gebäuden, Städten, Gärten, Parks usw. verbunden, und in Momenten, in denen

Sie auf einen Zug warten, in der Sauna oder am Strand entspannen, können Sie durch den Memory-Palace schreiten, um die Routen und auch die permanent gespeicherten Informationen jederzeit parat zu haben. Dabei absolvieren Sie gleich noch ein gutes mentales Training, das Sie geistig jung halten wird und zusätzlich eine selbsthypnotische Wirkung besitzt.

Dazu fällt mir ein: Als Teenager lag ich oft tagsüber im Bett und spielte solche und andere kreative Gedankenübungen im Kopf durch. Wenn meine Eltern dann nachfragten, ob ich ein Mittagsschläfchen mache, antwortete ich immer: »Bitte nicht stören, ich bin am Arbeiten!«

Bei mir ist es so, dass ich am besten beim Hin- und Herlaufen in einem Raum, beim Spazierengehen, Fahrrad- bzw. Autofahren oder auf dem Rücken liegend die Gedankenarbeit, das Kreative erledige, und am Schreibtisch erledige ich dann nur die Niederschrift. Durch Bewegung, durch regelmäßige Veränderung der Körperhaltung können wir unseren Leistungslevel hochhalten bzw. steigern.

Wie optimiere ich meine Gedächtnisleistung?

Vergleichen wir unser Gehirn mal mit einem Computer: Dann ist unser Langzeitgedächtnis die Festplatte (Hard Drive), das Kurzzeitgedächtnis bzw. das Arbeitsgedächtnis (das ist wissenschaftlich gesehen nicht genau das Gleiche, aber da es in den meisten Fällen starke Überschneidungen gibt, werde ich hier einfachheitshalber keine Unterscheidung machen) ist der Arbeitsspeicher (RAM), und das sensorische Gedächtnis die Tastatur, das Mikrofon, die Kamera, der Scanner. Unsere generelle Hirnleistung ist der Prozessor, den uns die Natur geschenkt hat. Wir können ihn nicht austauschen, aber wir können ihn optimal pflegen, hegen und nutzen, angefangen bei der richtigen Ernährung bis hin zu einer guten Durchblutung (Stichwort körperliche Aktivitäten). Dass viel Bewegung, gesunde Ernährung und ein guter Schlaf wichtige Faktoren bei unserer Performance spielen, ist gegeben, aber es würde den Rahmen sprengen, hier näher darauf einzugehen. Zur Nutzung nur so viel: Jeden Tag treffen wir unzählige Entscheidungen, und öfters wird dann auch noch Multitasking von uns verlangt. Jede dieser Entscheidungen zehrt an unseren Ressourcen, und unser Gehirn wird langsamer und müder mit der Zeit. Wenn Sie also eine besondere Leistung abrufen müssen, versuchen Sie an solchen Tagen besser, unnötige Entscheidungen zu vermeiden.

Sie können sich also schon am Abend vor dem großen Tag überlegen, was Sie am nächsten Tag anziehen wollen, was Sie zum Frühstück essen möchten, welchen Anfahrtsweg Sie nehmen usw. So sparen Sie viel Energie am Tag X ...

Je mehr wir nun aber verstehen, wie wir Erinnerungen bilden und abspeichern, umso besser können wir unsere Leistung steigern. Hier ein kurzer Überblick:

> Das sensorische Gedächtnis nimmt Reize über die Sinne auf, ist von uns nicht kontrollierbar – und daher hier auch nicht weiter von Belang.
>
> Die gute Nachricht beim Langzeitgedächtnis ist, dass der Speicherplatz grenzenlos scheint und wir nicht wie bei einem Computer die Festplatte leicht (über-)füllen können. Die schlechte Nachricht ist allerdings, dass wir im Gegensatz zu einem Computer Dinge auch wieder leicht vergessen können, wenn wir eingeprägte Erinnerungen nicht ab und zu auffrischen.

Verstehen Sie mich nicht falsch: Es ist sehr wichtig für uns Menschen, dass wir vergessen können, aber es wäre mehr als nützlich, wenn wir dies ein wenig besser steuern und beeinflussen könnten. In den meisten Fällen liegt das Hauptproblem darin, dass der größte Teil der Information es erst gar nicht bis ins Langzeitgedächtnis schafft, weil unser Arbeitsgedächtnis überlastet oder überfordert ist.

Das Arbeitsgedächtnis kann sich in der Regel nur sieben plus/minus zwei Sachen auf einmal merken, und die Information bleibt dort ohne Training 18 bis zwanzig Sekunden und mit Training bis zu dreißig Sekunden gespeichert. Daher sind die meisten Menschen überfordert, sich eine Zahlenfolge wie 07347921068 auf einmal einzuprägen, und müssen sie (wie bei einer Telefonnummer) beispielsweise in Zweiergruppen unterteilen, um einem Totalausfall vorzubeugen. Daher ist es ja auch so wichtig, bei einem Vortrag die Informationen schön in Häppchen zu servieren, um die Zuhörer nicht zu überfordern.

Im Wesentlichen gibt es drei Möglichkeiten, um die Leistung unseres Arbeitsgedächtnisses zu steigern:

1. Die körperliche Verfassung: Die Leistung hängt unter anderem auch von Hormonen und unserem biologischen Rhythmus (nicht zu verwechseln mit dem Biorhythmus) bzw. von unserer biologischen Uhr ab. Da dies individuell sehr unterschiedlich ist, möchte ich dazu nur einen Input geben: Wenn man sich mit Lernstoffen oder Ideen kurz vor dem Schlafengehen beschäftigt oder auch ein Buch über ein gewisses Thema liest (dieses hier zum Beispiel), dann ist der Transfer ins Langzeitgedächtnis – sofern man noch einigermaßen aufnahmefähig ist – besonders effektiv. Zusätzlich werden im Schlaf kreative Ideen auch gleich noch in unserem Gehirn sortiert. Daher ist es besser bei einer Prüfung oder bei einem Vortrag, sich abends noch einmal alles anzusehen und es dann am Tag der Entscheidung einfach ruhen zu lassen und Energie zu sparen. Vertrauen Sie Ihrem Gedächtnis und Ihrer Vorarbeit; so machen Sie sich auch nicht unnötig nervös. Ein Mittagsschläfchen und Powernaps steigern Ihre Performance und sind besonders älteren Menschen zu empfehlen.

2. Emotionen: Gefühle sind ein Superbooster, um sich etwas zu merken. Positive und negative emotionale Erlebnisse prägen wir uns ganz einfach ein. Wenn wir also versuchen, mehr Emotionen beim Abspeichern in uns zu wecken, dann können wir eine stärkere »Prägung« in unserem Langzeitgedächtnis erzeugen. Daher ist es auch so einfach, sich Dinge zu merken, die uns Spaß machen und interessieren. Je mehr wir über ein Thema wissen und je mehr wir uns damit beschäftigen, umso schneller können wir in diesem Bereich Neues erlernen und uns merken, weil eine natürliche Verkettung stattfindet.

Negative Erlebnisse bleiben sogar noch viel länger in unserem Gedächtnis verankert als positive, und je nach Intensität werden wir sie eventuell nie vergessen oder die Erinnerung »überschreiben«/auslöschen können. Es ist aber möglich, neue Erinnerungen zu prägen und zu stärken, damit diese in den Vordergrund gelangen. Mit anderen Worten: Wenn ein Erinnerungspfad von A nach B verläuft, und wir diesen Pfad nicht »überschreiben« können, dann müssen wir von A nach C und dann von C nach B gelangen und diese Verbindung so stark machen, dass A nach B in den Hintergrund rückt. Deswegen sollte man zum Beispiel möglichst rasch wieder in den Sattel steigen, wenn man vom Pferd gefallen ist, bevor sich das Negativerlebnis richtig festsetzt.

3. Training: Durch das richtige Training und sinnvolle Techniken (Mnemotechniken) können wir sowohl unser Kurzzeitgedächtnis verbessern als auch den Datentransfer ins Langzeitgedächtnis garantieren. Durch mehrfaches Wiederholen (Vokabeln pauken) vermögen wir die Information zwar länger in unserem Kurzzeitgedächtnis zu halten, aber in den meisten Fällen wird sie nicht oder nur sehr schwach ins Langzeitgedächtnis transferiert. Und selbst wenn sie abgespeichert wurde, haben wir nicht immer aktiven Zugriff auf diese Information und erinnern uns manchmal rein zufällig, etwa durch einen anderen Gedanken oder ein Erlebnis (»Anker«/»Trigger Point«) ausgelöst.

Durch Verlinkungen und Assoziationsketten (Mnemotechniken) haben wir jedoch jederzeit aktiven Zugriff auf die Informationen. Aber wir müssen aktiv sein; daher unterscheidet man auch zwischen einem »natürlichen« (oder passiven) Gedächtnis und einem (durch Mnemotechniken) »trainierten« Gedächtnis. Manche Menschen haben einfach ein besseres natürliches Gedächtnis als andere, aber ohne Training könn-ten sich diese auch nicht aus dem Stehgreif einfach eine Zahl mit tausend Stellen einprägen. Andererseits gibt es jedoch auch Memory-Champions, die Unglaubliches mit ihrem trainierten Gedächtnis anfangen können, aber im Alltag vergessen sie, den Müll rauszustellen, oder wissen oft nicht einmal, wo sie ihr Auto zuletzt geparkt haben ...

Mit den Techniken, die Sie hier lernen, können Sie Fantastisches erreichen, aber es funktioniert natürlich nur, wenn wir die einschlä-gigen Techniken auch bewusst anwenden. Also je öfter Sie dies tun werden, umso eher wird der Prozess dann automatisch ablaufen.

Aber was machen Sie, wenn Sie zum Beispiel Ihre Brille verlegt haben und sich einfach nicht mehr daran erinnern, wo Sie sie abgelegt haben?

Beachten Sie dabei drei Möglichkeiten:

- Sie haben von Anfang an gar nie richtig abgespeichert, wo Sie die Brille hingelegt haben.
- Sie haben es zwar registriert, aber nicht behalten, wo sich die Brille befindet.
- Die Information ist abgespeichert, aber Sie können sie nicht korrekt abrufen.

Zum ersten Punkt: Seien Sie aufmerksam, und lassen Sie sich nicht von anderen Dingen im entscheidenden Moment ablen-ken (die richtigen Werkzeuge dafür haben Sie ja schon in ande-ren Kapiteln bekommen).

Punkt zwei und drei: Gehen Sie in Gedanken durch, zu wel-chem Zeitpunkt Sie mit Bestimmtheit Ihre Brille noch hatten, und versuchen Sie dann eine Timeline zu erstellen. So können

Sie den Zeitpunkt und die möglichen Orte, an denen sich die Brille befinden könnte, vor der Suche extrem einschränken. Zusätzlich kommt einem dabei meistens schon in den Sinn, ausgelöst durch eine Assoziation, wo man die Brille abgelegt hat.

Namen merken

»Nomen est omen« (lat. für »Der Name ist ein Vorzeichen« oder besser ausgedrückt: »Der Name ist Programm!«). Wie schon in der Einleitung zum Thema Memory geschildert, ist es unheimlich wichtig, sich Namen zu merken und die gemerkten Namen so oft es geht zu verwenden. Natürlich sollten Sie es aber auch nicht übertreiben. Bemühen Sie sich dabei, den Namen richtig auszusprechen. Wenn sich jemand mit dem Vornamen Andreas vorstellt, dann sollten Sie ihn nicht mit Andi/Andy etc. ansprechen, nur weil es Ihnen besser gefällt. Vielleicht kann er die Kurzform seines Namens ja nicht ausstehen, oder nur seine Freunde »dürfen« ihn so nennen.

Sowohl im Privaten als auch in der Berufswelt bringt uns ein gutes Namensgedächtnis viele Vorteile, daher ist es schon absurd, dass wir uns Namen so schlecht merken können und sie auch so leicht wieder vergessen.

In den meisten Fällen, sofern wir uns nicht von Anfang an zu einer Person besonders hingezogen fühlen, ein spezielles Interesse oder Neugier zeigen, zieht das soziale Ritual der Begrüßung ganz mechanisch und spurlos an uns vorüber. Am schlimmsten ist es, wenn uns mehrere Personen gleichzeitig vorgestellt werden, die mit uns noch keine Gemeinsamkeiten (ähnliche Interessen, berufliche Berührungspunkte, Beuteschema) aufweisen.

Den richtigen Handshake haben Sie schon drauf; nun kommt der nächste Schritt. Seien Sie aufmerksam, und konzentrieren Sie sich! Entscheiden Sie sich bewusst dafür, sich den Namen der Person oder sogar alle Namen bei einer Party oder einem Meeting zu merken. Wenn Sie nicht nur im Verlauf der Konversation die Namen regelmäßig verwenden, sondern am Ende der Party auch noch alle mit dem richtigen Namen verabschieden, werden Sie einen bleibenden Eindruck hinterlassen!

Legen wir los: Jemand stellt sich vor: »Hallo, ich bin der Paul.«

1. Gut zuhören, und wenn Sie den Namen akustisch nicht hundertprozentig richtig verstanden haben, gleich nachhaken. Sobald Sie den Namen vernommen haben, stellen Sie sich jemanden mit dem gleichen Namen vor, den Sie kennen. Persönlich kennen oder eine berühmte Person, die Ihnen in den Sinn kommt. Sagen wir mal, Sie würden jetzt an Paul McCartney, den Beatle, denken.

2. Stellen Sie sich die konkrete Person vor Ihnen mit Pilzfrisur, Gitarre und auch von der Aufmachung her als Paul McCartney vor, und picken Sie dazu noch ein besonderes Merkmal, einen »Anker«, aus dem Gesicht heraus. Zum Beispiel eine große Nase, krumme Zähne, ein besonders schönes Lächeln, eine starke Asymmetrie, eine Narbe – oder das ganze Gesicht ist ähnlich dem eines Tieres, und die Person sieht eben aus wie eine Maus ... Hauptsache, das Merkmal ist auffällig, als ob Sie eine Karikatur zeichnen müssten.

   Diesen »Anker« können Sie dann auch noch verlinken: Die große Nase (Anker) spielt auf der Gitarre. Sie können zum Beispiel folgendes Bild kreieren: Paul steht neben Paul McCartney auf der Bühne und spielt mit seiner Nase auf dessen Gitarre.

3. Während Sie sich blitzschnell eine passende Verlinkung ausdenken, überbrücken Sie die Zeit mit einer Begrüßungsfloskel: »Paul (den Namen gleich zu wiederholen, hilft ungemein), schön, Sie kennenzulernen. Sie erinnern mich an

einen Bekannten von mir (Paul McCartney). Mein Name ist Tobias.«

4. Dann schieben Sie am besten noch einen Satz hinterher, bei dem Sie das Bild mit dem »Anker« nochmals visualisieren und wenn möglich den Namen auch noch einmal aussprechen oder mindestens in Gedanken wiederholen. Zum Beispiel: »Lustig, Sie sind schon der dritte Paul, der mir heute über den Weg läuft ...«

> Wichtig ist: Der »Anker« sollte ein besonderes Merkmal des Gesichts sein oder zumindest eine auffällige Erscheinung des Körpers (extrem groß, klein) und keine Mütze, kein Kleidungsstück oder Schmuck, da die Person bei der nächsten Begegnung vielleicht komplett anders angezogen sein wird.

Mit etwas Übung werden Sie ganz fix darin, sofort ein besonderes Merkmal zu finden, und Sie haben die Verlinkung dann blitzschnell abgespeichert. Dabei merken Sie sich nicht nur den Namen der Person, sondern trainieren auch gleich noch Ihre Beobachtungsgabe. Sie sind zudem von Anfang an aufmerksam und wirken dabei sympathisch und kompetent auf Ihr Gegenüber.

Denken Sie daran: Menschen können ihren Namen nicht oft genug hören. Also versuchen Sie diesen möglichst oft – ohne dabei unheimlich zu werden – zu verwenden.

Als aufmerksamer Leser werden Sie sich nun fragen, was Sie mit einem Namen anstellen sollen, den Sie noch nie gehört haben, oder mit einem komplizierten Nachnamen.

Nehmen wir als Beispiel den japanischen Namen »Hiroaki«. Hier müssen wir phonetisch arbeiten und uns den Namen über den Klang merken: »Hiro-« klingt wie das englische Wort für Held (»Hero«), und für »-aki« denken wir etwa an die Achillessehne. Unser Held »Hiro« verletzt sich an der Achillessehne »-aki«! So können wir uns dann den Namen »Hiroaki« ganz leicht merken.

Ob es sich nun um einen Vor- oder Nachnamen handelt, wir können alle Namen in drei Gruppen einteilen: Die erste Gruppe enthält gebräuchliche Namen wie Peter, Paul etc., zu denen uns eine bekannte Person zum Verlinken einfällt. Die zweite Gruppe enthält Namen, die etwas Bestimmtes bedeuten und die wir in ein Bild umwandeln können, wie zum Beispiel Fuchs, König, Müller, Schuster, Adler, und auch Namen, die wir als Firmennamen/Produkte oder von Objekten her kennen. Bei der dritten Gruppe gibt es keine direkte Verbindung, und wir merken uns den Namen phonetisch (Hiroaki = Hero + Achillessehne). Bei der dritten Kategorie brauchen wir einfach etwas mehr Fantasie, aber keine Angst, es muss nur so ähnlich klingen, um eine Erinnerung auszulösen, der Rest kommt dann ganz automatisch.

Den Namen Horowitz könnte man sich als »Horror-Witz« merken. Bei Shakespeare (sofern man kein Bild vom Schriftsteller aktiv im Kopf hat) könnte man sich ein geschütteltes englisches Bier (»shake« – schütteln, »beer« –Bier) auf dem Kopf der Person vorstellen.

Sobald Sie sich mit diesen Strategien etwas vertraut gemacht haben, sollten Sie damit anfangen, weitere Informationen wie Beruf, Interessen, den Namen der Kinder zusätzlich abzuspeichern. Damit haben Sie dann ein wertvolles Werkzeug in Ihrem Rucksack. Die zusätzlichen Informationen werden einfach mit dem vorhandenen Bild assoziiert. Paul ist Polizist, surft gerne im Meer und hat mit seiner Frau Monika einen Sohn, Michael. Wir haben ja schon das Bild von Paul, der zusammen mit Paul McCartney auf der Bühne mittels seiner großen Nase Gitarre spielt; da hängen wir nun den Rest dran:

Sobald das Gitarrensolo vorbei ist, verhaftet Paul (**Polizist**) Paul McCartney und bringt ihn auf einem **Surf**brett ins Gefängnis. Vor dem Gefängnis wartet schon seine **Monika** (da stelle ich mir eine Schulkollegin namens Monika vor) mit **Michael** auf Paul, weil der den Kopf nicht mehr aus der Suppenschüssel (»Michel in der Suppenschüssel« bei Astrid Lindgren) bringt.

Stellen Sie sich vor, wie Paul sich fühlt, wenn Sie ihn ein Jahr später wieder treffen und ihn nicht nur mit seinem Namen begrüßen, sondern auch nach dem Befinden von Monika und Michael fragen ...

Wenn Sie an einem wichtigen Meeting oder einer Tagung teilnehmen und sich alle Namen und die dazu passenden Details der Teilnehmer merken wollen, dann prägen Sie sich einfach den Raum vor Ort gut ein, und verlinken Sie die Teilnehmer mit den Fixpunkten (wenn möglich, knipsen Sie einige Fotos vom Raum). Diesen Raum können Sie dann an Ihren Memory-Palace »andocken«, und so ist alles am richtigen Ort abgespeichert. Von Zeit zu Zeit wandern Sie in Gedanken durch diesen Raum, und die abgespeicherten Namen und Fakten werden Ihnen automatisch in den Sinn kommen.

Probieren Sie es aus – es lohnt sich! Auch wenn mir manche Dinge nur so zufliegen, das Merken von Namen muss ich mir auch immer aktiv vornehmen und dabei besagte Techniken anwenden, ansonsten geht der Name in ein Ohr rein und zum anderen wieder raus. Nehmen Sie es mir nicht übel, sollte ich mal einen Namen vergessen; besonders bei Auftritten ist es nicht immer leicht, mir alle Namen der Zuschauer zu merken, die ich bei meinen Experimenten auf die Bühne bitte, da sich so vieles gleichzeitig bei mir im Kopf abspielt und ich meistens schon drei oder vier Schritte weiter bin.

Das Master-System

So wie der Memory-Palace die Königsdisziplin der Loci-Methode ist, handelt es sich beim Master-System um die Krönung des PEG-Systems. Es erlaubt Ihnen nicht nur, sich ganz leicht PIN-Codes und Telefonnummern zu merken, sondern ermöglicht es Ihnen auch, sich locker eine Zahl mit fünfzig Stellen und mehr zu merken.

Die wenigsten von Ihnen müssen sich Zahlenkombinationen, die länger als eine lange Telefonnummer sind, im Alltag merken, aber es kommen immer mehr neue PIN-Codes (die hoffentlich nicht alle gleich sind) dazu. Und neben den wichtigsten Telefonnummern wäre es auch nicht schlecht, die Ausweis-, Kreditkarten- und die Vielfliegerkarten-Nummer auswendig zu kennen, oder?

Bei so vielen Zahlenkombinationen wären die üblichen Bilderlisten schnell einmal belegt, oder es käme zu vielen Überschneidungen. Das Loci-System allein bringt uns bei Zahlen nicht weiter, bevor wir diese nicht mit einem Kniff in Wörter bzw. Bilder umgewandelt haben.

Also werden wir die Zahlen von null bis neun in Konsonanten verwandeln, die wir diesen Zahlen dann möglichst leicht zuordnen können:

1 = l	Das kleine l sieht wie eine amerikanische 1 aus
2 = n	Das n schreiben wir mit zwei Abwärts-Strichen (ein v bietet sich als Ersatz an)
3 = m	Das m schreiben wir mit drei Abwärts-Strichen (w als Ersatz)
4 = r	Vie›r‹
5 = s/sch	Die Zahl 5 sieht aus wie ein S (ß zählen wir auch dazu)
6 = b/p	Die Zahl 6 sieht aus wie ein b oder p spiegelverkehrt

7 = T	Die 7 und ein handgeschriebenes T sind sich sehr ähnlich (der Extra-Strich rechts oben wird abgeschnitten und als Querstrich verwendet)
8 = h/ch	A›ch‹t: Die 8 sieht einem handgeschriebenen h oder H sehr ähnlich
9 = g	Die Zahl 9 sieht aus wie ein g
0 = z/k	Das z steht für Zero und das k für »keiner« (das ck zählen wir noch als Ersatz dazu, da es wie k ausgesprochen wird)

Bei den meisten Master-System-Varianten werden die Buchstaben phonetisch oder sogar beliebig den Zahlen zugeteilt, was mehr Merkarbeit benötigt und bei nicht regelmäßiger Anwendung langsamer ist. Die oben genannte Einteilung haben Sie sich jedoch blitzschnell gemerkt, und damit können wir nun unsere Wörter kreieren. Die Konsonanten, die nicht vorkommen, können wir ignorieren, und mit den Vokalen füllen wir jetzt die Wörter aus. Grundregel: Ein Wort (es werden nur Substantive verwendet!) beginnt mit dem entsprechenden Konsonanten (erste Ziffer), gefolgt von einem Vokal (Doppelvokal ist auch okay), und an dritter Stelle kommt dann der zweite Konsonant (zweite Ziffer). Alle Buchstaben, die auf den zweiten Konsonanten folgen, interessieren uns nicht. Klingt etwas kompliziert, ist es aber nicht.

Hier ein Beispiel mit der Zahl 25: 25 = ns (n für die 2 und s für die 5). Jetzt geben wir Vokale dazu und kreieren ein Wort: 25 = Nase (oder Nuss, Nessel ...) Bei den Zahlen von null bis neun geben wir immer noch eine null dazu, damit wir eine Doppelnummer aus zwei Ziffern erhalten. Die sieben wäre dann 07 = zT/kT: Katze (Zettel, Katalog, Zottel ...). Eine Zahlenkombination wird dann einfach in Zweiergrüppchen aufgeteilt, und mit den dazu passenden Konsonanten werden Wörter gebildet, um damit wieder Bilder zu erhalten.

Sagen wir, Sie müssen sich die zwölfstellige Telefonnummer Ihrer Putzfrau merken: 011407583962. Diese Telefonnummer können Sie nun einfach umwandeln in die Konsonanten KLLRZTSHMGBN, die ihrerseits wiederum beispielsweise in folgende Wörter umgewandelt werden können: **K**a**l**ende**r**, **L**e**r**che, **Z**e**tt**el, **S**ah**n**e, **M**a**g**en, **B**a**n**k.

Schön und gut, aber was machen wir nun damit? Entweder werden die Wörter in einem Merksatz verlinkt: Aus dem neuen **Kalender** springt eine **Lerche** heraus und rührt mit einem **Zettel Sahne** im **Magen** herum, bevor sie zur **Bank** fliegt.

Wenn Sie sich dies nun sehr bildhaft vorstellen, dann werden Sie die Wörter und somit auch die Telefonnummer nicht mehr vergessen.

Nun stellen Sie sich Ihre Putzfrau vor, wie sie mit einem riesigen Telefon um den Kalender herumputzt. Wenn Sie Ihre Putzfrau anrufen müssen, dann stellen Sie sich nur das Bild mit dem riesigen Telefon vor – und der Rest der Kette wird automatisch ausgelöst.

Ich habe erst kürzlich eine neue EC-Karte für mein Firmenkonto bekommen, und sagen wir mal, mein PIN-Code dafür wäre 2599. Nun würde ich mir vorstellen, wie ich mit einem meiner schicken schwarzen Anzüge, die ich für Auftritte verwende, in meiner Bank zum Schalter gehe, um dort mit meiner **N**a**s**e (NS = 25) meine letzte **G**a**g**e (GG = 99) zu zählen, bevor ich sie einzahle.

Wenn Sie also einen neuen PIN-Code erhalten, können Sie diesen einfach in ein starkes Bild umwandeln, und Sie werden ihn nicht mehr vergessen. Wichtig ist einfach, dass Sie keine Wörter nehmen, die schon belegt sind.

Damit Sie sehr schnell eine Zahlenkette umwandeln können, ist es zudem hilfreich, sich eine persönliche 100-Liste zusammenzustellen und diese dann auswendig zu lernen. Suchen Sie sich Merkwörter aus, die Sie sich gut bildlich vorstellen können und die nicht zu ähnlich sind. Sie sollten also nicht Hase und Kaninchen in dieselbe Liste geben.

Hier sind jeweils zwei Beispiele pro Zahl als Anregung, doch passen Sie die Liste bitte mit Merkwörtern an, die Sie mögen und sich leicht einprägen können. Wenn jede Zehnergruppe mit demselben Buchstaben anfängt (bei 00 habe ich extra eine Ausnahme gemacht), ist es auch noch einfacher, sich die Liste einzuprägen. Am Anfang müssen Sie etwas Aufwand betreiben, aber es lohnt sich.

00	Zecke, Zacke	16	Labor, Lappen
01	Kalender, Kelle	17	Latzhose, Lotterie
02	Kanne, Kanu	18	Lehrer, Lachs
03	Kamm, Kamel	19	Lager, Lego
04	Karabiner, Karosse	20	Nacktmodell, Nektarine
05	Kasse, Kessel	21	Nelke, Nullspiel
06	Kabel, Kobold	22	Nonne, Nena
07	Katze, Kette	23	Namensschild, Nemo
08	Kachelofen, Kahlkopf	24	Narr, Narbe
09	Kegel, Kugel	25	Nase, Nessel
10	Lakai, Lackfarbe	26	Nabelschnur, Nebel
11	Liliputaner, Lollipop	27	Notbremsung, Naturspektakel
12	Lanze, Lunte		
13	Lampe, Lumpen	28	Nachbar, Nachos
14	Lerche, Larve	29	Nagel, Nugat
15	Lasso, Lasche	30	Mozart, Macke

31	Molke, Melkstuhl	60	Backe, Becker
32	Mandel, Mantel	61	Ball, Bolzen
33	Mammut, Mamba	62	Bank, Bande
34	Mörder, Marder	63	Bambus, Bambi
35	Mast, Most	64	Bar, Berg
36	Mappe, Mops	65	Besen, Busen
37	Matte, Motte	66	Beben, Bube
38	Mohikaner, Machete	67	Butter, Bett
39	Magen, Magnet	68	Bahnhof, Bach
40	Rakete, Rekrut	69	Bogen, Bagger
41	Rallye, Rollator	70	Taktstock, Tentakel
42	Ranzen, Rentier	71	Talkshow, Teller
43	Rammbock, Rumflasche	72	Tanne, Tonne
44	Rarität, Rorschachtest	73	Tamburin, TomTom
45	Rassel, Rasen	74	Tarzan, Terrasse
46	Rabe, Rebstock	75	Tasse, Taste
47	Ratespiel, Rute	76	Tabak, Tablar
48	Rahmen, Rachen	77	Tatort, Toter
49	Regal, Regentropfen	78	Tachometer, Tochter
50	Sack, Seziermesser	79	Tagung, Taugenichts
51	Salz, Salat	80	Hacke, Hecke
52	Sand, Sonne	81	Halle, Holunder
53	Samba, Sombrero	82	Hand, Hund
54	Sarg, Sardine	83	Hammer, Hummer
55	Sessel, Soßenlöffel	84	Haare, Hure
56	Säbel, Sauberkeitswahn	85	Hase, Hose
57	Saturn, Satellitenfoto	86	Hobel, Habicht
58	Sahne, Sehne	87	Hütte, Hotel
59	Segelschiff, Sugo	88	Hahn, Hecht

89	Hagel, Heugabel	95	Gasse, Gasflamme
90	Gazelle, Gecko	96	Gabel, Giebel
91	Galle, Gülle	97	Gattin, Göttin
92	Gans, Gondel	98	Gehweg, Gehege
93	Gammelfleisch, Gummi	99	Gage, Gegner
94	Garten, Gurt		

Wenn Sie Ihre persönliche PEG-Wörterliste 100 zusammengestellt haben, gehen Sie sie noch einmal durch, und stellen Sie sich jedes einzelne Wort bildlich vor. Denken Sie nicht einfach an eine Tasse, sondern an Ihre Lieblingstasse, und sehen Sie diese dann noch zusätzlich in einer XXL-Version in Ihrer Hand.

Sobald Sie mit Ihrer Liste zufrieden sind und sich jedes PEG-Wort glasklar bildlich vorstellen können, machen Sie sich noch ein wenig mit dem System vertraut und lernen dann jeden Tag zehn Merkwörter, bevor Sie schlafen gehen. Am nächsten Tag wiederholen Sie diese, bevor dann die nächsten zehn dran sind.

Übung macht den Meister:
- Immer wenn Sie irgendwo eine Zahlenkombination sehen, versuchen Sie, diese schnell in die entsprechenden PEG-Wörter umzuwandeln: Autokennzeichen, Telefonnummern auf Visitenkarten oder Werbeplakaten, Seriennummern auf Geldscheinen ...
- Schreiben Sie sich die PEG-Wörter auf kleine Karteikarten, und üben Sie so in beide Richtungen. Von der Zahl zum Wort und umgekehrt. Tragen Sie die Kärtchen mit sich herum, und wenn Sie mal irgendwo warten müssen, nutzen Sie die Zeit.

Bei längeren Zahlenkombinationen kommt es schnell zu vielen Wiederholungen der Doppelzahlen, und eine reine Verlinkung mit Merksätzen macht da natürlich keinen Sinn. Die Aufmerksamen unter Ihnen sind sicher schon wieder einen Schritt weiter und verbinden nun diese PEG-Wörter mit den Routenpunkten der Loci-Methode. An jedem Fixpunkt auf Ihrer Route (einfache Route oder im Memory-Palace) legen Sie ein oder zwei Bilder ab (wichtig, dass bei mehr als einem PEG-Wort pro Fixpunkt klar ist, in welcher Reihenfolge sich die Wörter befinden).

Im Gegensatz zum Loci-System/Memory-Palace muss man hier etwas mehr Vorarbeit leisten, aber dafür sind Sie nun in der Lage, sich problemlos eine sehr lange Zahlenkette zu merken. Immer wenn Sie sich nun Zahlenkombinationen einprägen müssen, sind Sie mit dem Master-System am besten bedient, ansonsten mit dem Loci-System. Das Master-System wird von den meisten auch dazu verwendet, um die Reihenfolge eines gemischten Kartenspiels blitzschnell auswendig zu lernen.

Der achtfache Memory-Weltmeister Dominic O'Brien hat das Master-System komplett umgewandelt und anstelle einer Hundert-Wörter-Liste eine Liste mit hundert berühmten Personen zusammengestellt. Jede Zahl erhält einen Buchstaben, und mit jeder Doppelzahl werden so die Initialen einer Person kreiert.

0 = O, 1 = A, 2 = B usw. So ergeben sich zum Beispiel aus der Zahl 15 die Initialen AE, die dann wiederum für Albert Einstein stehen. Zusätzlich bekommt jede Person noch eine typische Tätigkeit zugesprochen.

Die Vorarbeit, um sich eine Liste mit hundert Persönlichkeiten mit den passenden Initialen zu erstellen, ist bedeutend größer, aber für einige ist es sicher einfacher, die Personen mit den Fixpunkten zu verknüpfen als die Wörter. Mir war es zu mühsam, eine solche 100er-Liste zu erstellen, und ich verwende für Zahlen das Master-System. Ich habe aber aus dieser Idee meine eigene Abwandlung entwickelt, um superschnell ein Kartenspiel auswendig zu lernen.

Ein Kartenspiel in kürzester Zeit komplett auswendig lernen

Klingt etwas kompliziert? Wenn Sie glauben, dass Sie nie in Ihrem Leben ein Kartenspiel auswendig lernen wollen, dann können Sie dieses Kapitel getrost überspringen, aber wenn Sie wissen wollen, was bei einer Vorstellung so alles in meinem Kopf abläuft, dann lesen Sie bitte weiter.

Da steckt richtige Arbeit dahinter. Eine einfache Lösung gibt es nicht. Es ist ein wenig so wie bei einem Sportler à la Roger Federer oder Michael Jordan, bei denen alles mühelos aussieht und die Leute glauben wollen, dass es ihnen einfach so zufliegt und sie nicht täglich stundenlang für ihre Routine gearbeitet haben.

Mein Großvater mütterlicherseits war ein leidenschaftlicher Skatspieler, und ich habe so schon im Alter von vier Jahren mit Bauernskat angefangen. Spielkarten haben mich schon immer fasziniert, und ich konnte es gar nicht abwarten, bis ich auch beim Skat mitmachen durfte. Besonders mit meiner Schwester Gudula habe ich oft viele Nächte lang gezockt (Skat, Doppelkopf, Jassen). Später kamen dann noch Black Jack, Poker und die Faszination der Casino-Welt hinzu.

Es ist beim Skat oder anderen Kartenspielen wichtig, ganz genau zu wissen, welche Karten schon gespielt worden sind. Wer öfters spielt, lernt dies meistens automatisch. Aber ein ganzes Spiel blitzschnell perfekt auswendig zu lernen ist noch einmal eine andere Nummer. Obwohl ich davon schon immer fasziniert war, habe ich mich erst 1999 zum ersten Mal an diese Aufgabe herangewagt. Ich hatte damals mein Schauspiel-, Tanz- und Gesangsstudium in London für ein fünfmonatiges Engagement auf der Maxim Gorki und dem ehemaligen Traumschiff als Prinzipal-Tänzer unterbrochen. Alles hatte sich recht zufällig ergeben, da ich eigentlich nur trainingshalber zur Audition ging. Diese war am Wochenende, und sie bedeutete zwei, drei Gratis-Tanzstunden – doch plötzlich hatte ich ein unverhofftes Angebot!

In diesen fünf Monaten sah ich dann nicht nur viel von der Welt, sondern hatte auch Zeit, um an meinen eigenen Ideen als Mentalist zu arbeiten und zu trainieren.

Eines Nachmittags habe ich dann einfach mal ein Kartenspiel in wenigen Stunden auswendig gelernt. Es war ein riesiger Erfolg, da ich damals noch kein so ausgereiftes System verwendete, sondern relativ stur mit wiederholtem Aufsagen und vereinzelten Bilder-Verlinkungen die Reihenfolge paukte.

Nachdem ich mich dann, vom ersten Erfolg motiviert, weiterbildete und daraus mein jetziges System entwickelt habe, dessen Grundidee auf dem sogenannten Dominic-System von Dominic O'Brien basiert (beschrieben in seinem Buch *How to Develop a Perfect Memory*), schaffte ich es damit beim ersten Versuch schon in zwanzig Minuten und dann sogar in zehn ... Zwischenzeitlich funktioniert es blitzschnell, und ich präsentiere es gerne als spezielle Gedächtnisleistung in meinen Shows.

Um ein gemischtes Kartenspiel in wenigen Minuten auswendig zu lernen, braucht es ein besonderes System und ein wenig Vorarbeit, aber wenn Sie sich reinknien, dann können auch Sie es schnell lernen und werden erstaunt sein, wie leicht es auf einmal geht.

Bei Spielkarten ist es ähnlich wie bei Zahlen: Wir müssen uns erst Bilder erschaffen, die wir uns gut merken können. Also verwandeln wir die 52 Spielkarten jeweils in 52 bekannte Personen (Filmcharaktere, Comic-Helden etc.). Wichtig ist, dass wir von der Person ein klares Abbild in unserem Gedächtnis haben. Zusätzlich bekommt dann jede von diesen Personen noch eine für sie typische Tätigkeit und einen Gegenstand zugewiesen. Die Herz-3 ist zum Beispiel George Clooney, der in der Nespresso-Werbung Kaffee trinkt, und sein Gegenstand ist eine Kaffeetasse.

Zuerst habe ich den jeweiligen Farben (Pik, Herz, Kreuz, Karo) ein Thema zugeteilt (Eigenschaft, Charakter, Situation usw.):

- **Pik** – verrückt, schräg, lustig, seltsam, extrem, Horror
- **Herz** – Liebe, »am liebsten«, Sex, Romantik, Schürzenjäger
- **Kreuz** – Tod (tragisch), Kampfsport, Action, Tragik
- **Karo** – Reichtum, Geld, Erfolg, Diamanten ...

Dann habe ich die einzelnen Kartengruppen in Berufsgruppen definiert:

Ass/2 – männlicher Sportler (ein Ass im Sport)/weibliche Sportlerin
3/4 – Schauspieler/Schauspielerin (3 wie Filmtrilogie = Schauspieler)
5/6 – Musiker, Sänger/Musikerin, Sängerin (5 wie S wie Sänger)
7/8 – männliches/weibliches Sexsymbol, Mode-Ikone, Model, Trendsetter (7 stellt die breiten Schultern bzw. die V-Figur dar, 8 die weiblichen Kurven, Wespentaille)
9/10 – m/w-Liebespaar, Ehepaar aus einem berühmten Film
Bube – berühmter Regisseur
Dame – Schauspielerin, die in Filmen dieses Regisseurs war, Muse
König – Schauspieler, der in Filmen dieses Regisseurs war, Muse

Herz-Ass ist für mich Kosei Inoue, weil Judo meine Lieblingssportart ist, die ich seit meinem sechsten Lebensjahr ausübe, und er mein Lieblings-Judoka. Michael Jordan ist das Karo-Ass, weil er der reichste Sportler ist. Pik-7 – Eddie Murphy ist ein Trendsetter als Stand-up-Comedian ... Zusätzlich habe ich auch immer versucht, noch kleine Übereinstimmungen zu finden, wie: 007 ist Herz-7 (»Weiberheld«). Die Personen sind untereinander so abgestimmt, dass sie gut zusammenpassen, aber sich klar voneinander unterscheiden.

Machen Sie sich Ihre eigene Liste mit Personen, die Sie sich ganz leicht vorstellen können. Persönlichkeiten, die Sie besonders gut mögen oder nicht ausstehen können oder die aufgrund ihrer Medienpräsenz und ihres besonderen Aussehens herausstechen, sind besonders gut geeignet.

Vollständigkeitshalber gebe ich hier meine aktuelle Liste als Beispiel an:

Pik	Person	Aktion	Gegenstand
Ass	Shaun White	McTwist	*Halfpipe*
2	Bethany Hamilton	Surfing mit einem Arm	*Surfbrett*
3	Jack Nicholson (*The Shining*)	schlägt Hotelzimmertüren ein	*Axt*
4	Kathy Bates (*Misery*)	fesselt James Caan	*Vorschlaghammer*
5	Marilyn Manson	schminkt sich weiß und mit Blut	*Theaterblut*
6	Lady Gaga	kleidet sich mit Fleisch ein	*Fleischkostüm*
7	Eddie Murphy (*Delirious*)	zieht rotes Leder-Outfit an	*Mikrofon*
8	Naomi Campbell	wirft mit Gegenständen um sich	*Handy*

9	Ben Stiller (*There's smth. about Mary*)	klemmt seine Hoden ein	*Reißverschluss*
10	Cameron Diaz (*There's smth. about Mary*)	stylt sich die Haare mit Samen	*»Haargel«*
J	Alfred Hitchcock	streichelt einen Vogel	*Rabe*
Q	Janet Leigh (*Psycho*)	Duschen	*Küchenmesser*
K	James Stewart (*Rear Window*)	spioniert die Nachbarn aus	*Fotoapparat*

Herz	Person	Aktion	Gegenstand
Ass	Kosei Inoue (Judo)	Uchi-mata	*Judogi*
2	Ryoko Tani (Judo)	Ouchi-gari	*Haargummi*
3	George Clooney	trinkt Nespresso in der Werbung	*Kaffeetasse*
4	Jennifer Aniston (*Along Came Polly*)	spaziert mit Frettchen an der Leine	*Frettchen*
5	Mick Jagger	Crowdsurfing	*rote Zunge*
6	Jenifer Lopez	Tanzwettbewerb	*J-Lo-Hinterteil*
7	James Bond (Sean Connery)	007 flirtet mit Bond Girls	*PPK-Pistole*
8	Ursula Andress (*Dr. No*)	kommt aus dem Meer	*Bikini*
9	Billy Crystal (*When Harry Met Sally*)	spuckt gegen die Autoscheibe	*Traubenkerne*
10	Meg Ryan (*When Harry Met Sally*)	Orgasmus im Restaurant	*Salat*

J	Woody Allen	spielt im Jazz-Orchester	*Klarinette*
Q	Scarlett Johansson	flirtet beim Essen	*Weinglas*
K	Owen Wilson (*Midnight in Paris*)	reist in Paris in die Vergangenheit	*Kutsche*

Kreuz	Person	Aktion	Gegenstand
Ass	Muhammad Ali	Seilspringen	*Boxhandschuhe*
2	Ronda Rousey (MMA)	Armhebel	*UFC Champion Belt*
3	Bruce Lee	One Inch Punch	*Nunchaku*
4	Michelle Yeoh (*Tiger and Dragon*)	fliegt durch einen Bambuswald	*Bambus*
5	Prince	spielt »Purple Rain«	*lila Gitarre*
6	Whitney Houston	nimmt ein Bad	*Drogen*
7	James Dean	Pose mit Gewehr	*Porsche*
8	Marilyn Monroe (*Some Like It Hot*)	singt »I Wanna Be Loved By You«	*Ukulele*
9	Keanu Reeves (*Speed*)	mit Skateboard unterm Bus	*Skateboard*
10	Sandra Bullock (*Speed*)	fährt einen Bus mit einer Bombe	*Buslenkrad*
J	Quentin Tarantino (*From Dusk Till Dawn*)	Loch in der Hand	*Gaffa-Tape*

Q	Uma Thurman (*Kill Bill*)	Schwertkampf	*Samurai-Schwert*
K	John Travolta (*Pulp Fiction*)	sticht mit der Spritze zu	*Magic Marker*

Karo	Person	Aktion	Gegenstand
Ass	Michael Jordan	Slam Dunk	*Basketball*
2	Serena Williams	Tennis spielen	*Tennisschläger*
3	Tom Cruise (*Jerry Maguire*)	brüllt »Show me the money«	*Dollarscheine*
4	Jennifer Lawrence (*Hunger Games*)	trägt ein brennendes Kleid	*Pfeilbogen*
5	Michael Jackson	tanzt den Moonwalk	*weiße Gamaschen*
6	Madonna	küsst Britney Spears on stage	*Kaugummi & Lolli*
7	Arnold Schwarzenegger	Work-out	*Hantel*
8	Heidi Klum	Victoria's-Secret-Runway	*Engelsflügel*
9	Richard Gere (*Pretty Woman*)	telefoniert barfuß laufend im Gras	*Stretch-Limousine*
10	Julia Roberts (*Pretty Woman*)	Shopping auf dem Rodeo Drive	*Polka-Dot-Kleid*
J	Steven Spielberg (*Jaws*)	filmt den *Weißen Hai*	*Regiestuhl*
Q	Drew Barrymore (*50 First Dates*)	fährt in Baum und verliert Gedächtnis	*Ananas*
K	Harrison Ford (*Indiana Jones*)	einen Schatz finden	*Peitsche*

Wenn Sie nun eine Liste mit Ihren 52 Persönlichkeiten zusammengestellt haben, dann müssen Sie diese so gut lernen, dass Sie, ohne groß nachzudenken, gleich wissen, welche Spielkarte welche Persönlichkeit darstellt. Dank der angesetzten Kategorien und Gruppierungen müssen Sie sich indes gar nicht viel merken und können bald loslegen.

Mischen Sie ein Kartenspiel (52-Karten-Pokerspiel) gut durch, und fangen Sie an, eine Karte nach der anderen auf einer Ihnen bekannten Route (Memory-Palace) an den Fixpunkten abzulegen. Kreieren Sie jeweils ein eindrückliches Bild als Verbindung zwischen dem Fixpunkt und der Persönlichkeit (Spielkarte), die dabei ihre Tätigkeit ausübt und den Gegenstand verwendet. So können Sie sich ein Kartenspiel leicht und schnell merken.

Diejenigen von Ihnen, die alles gerne auf ein noch höheres Niveau bringen wollen, können sich immer gleich drei Spielkarten auf einmal merken und als Verlinkung an einem Fixpunkt ablegen. Dadurch sind Sie nicht nur um einiges schneller, sondern Sie »verbrauchen« auch nur 18 Fixpunkte auf Ihrer Route (Memory-Palace).

Bei mir sieht es dann so aus:

1. Fixpunkt: In meinen Gedanken stehe ich im Badezimmer meiner Eltern und sehe mich als James Bond (Herz-7) beim Surfen mit nur einem Arm (Pik-2) im Spiegel (Fixpunkt), während ich versuche, eine Kaffeetasse zu balancieren (Herz-3).
2. Fixpunkt: In der Badewanne ist Arnold Schwarzenegger (Karo-7) beim Tanzen des Moonwalks (Karo-5) mit einem Buslenkrad in der Hand (Kreuz-10).

Diese Bilder sind super schnell gemacht und so prägnant, dass wir uns so ein Kartenspiel mit viel Spaß und Fantasie kinderleicht merken können. Probieren Sie es aus!

Nach einer Weile werden Sie immer routinierter, um dann schon Ihr erstes Plateau zu erreichen, wo Sie nicht mehr viel schneller werden. Wenn Sie sich damit nicht abfinden wollen und ein kompetitiver Mensch sind, dann können Sie sich zusätzlich pushen, indem Sie mit einem Metronom arbeiten. Stellen Sie das Metronom auf ein gutes Tempo ein, und bei jedem »Klack« drehen Sie die nächste Karte um und zwingen sich, das Tempo zu halten. Wenn Sie hängen bleiben, fangen Sie wieder von vorne an oder gehen zur nächsten Karte weiter. Wenn Sie das Tempo ohne Fehler halten können, erhöhen Sie den Taktschlag um zehn oder zwanzig Prozent und knacken die nächste Marke. Anstatt jede Karte einzeln umzudrehen und abzulegen, ist es schneller, die Karten zwischen den Händen zu halten und nur mit den Fingern nach rechts zu verschieben ...

Der aktuelle Weltrekord liegt übrigens bei 18,653 Sekunden, aufgestellt von Alex Mullen, einem Medizinstudenten, der erst zwei Jahre zuvor ein Buch über Mnemotechniken gelesen hatte und damals nicht wirklich daran glaubte, dass diese so schnell Früchte tragen. Wenn Sie es unter fünf Minuten schaffen, gehören Sie schon zu den ganz, ganz wenigen auf dieser Welt. Ohne eine entsprechende Technik zu besitzen, würden viele Menschen es nicht einmal schaffen, ein Kartenspiel an einem ganzen Tag auswendig zu lernen – also seien Sie stolz auf Ihre Ergebnisse.

Viel wichtiger aber, als eine gute Zeit hinzulegen, ist es, dass Sie dabei Ihre Fantasie, Ihre Konzentrationsfähigkeit und Beobachtungsgabe enorm steigern, was Ihnen im Alltag wirklich helfen wird.

Für alle Kartenspieler oder diejenigen, die bei einer Party mal ihre Freunde beeindrucken wollen, ohne dabei gleich ein ganzes Kartenspiel in Sekunden auswendig zu lernen und dann korrekt wiederzugeben, hier noch eine weitere Anwendung: Zuerst müssen Sie die Persönlichkeiten, die die Spielkarten repräsentieren, so klar vor Ihrem geistigen Auge haben, dass Sie, ohne groß darüber nach-zudenken, ein Kartenspiel zügig durchblättern können und dabei die Personen vor sich sehen. Wir kümmern uns diesmal nicht um die Positionen der einzelnen Karten.

Mischen Sie also ein Kartenspiel gut durch, und entfernen Sie anschließend drei bis fünf Karten vom Spiel, ohne diese anzusehen. Gehen Sie nun eine Karte nach der anderen vom restlichen Spiel durch, und stellen Sie sich dabei die dazu passenden Persönlichkei-ten vor, wie sie zerstört, getötet oder weggezaubert werden. Zum Beispiel: Das Karo-Ass Michael Jordan meistert einen Slam Dunk und bricht dabei den Basketballkorb ab, wobei sein Kopf von der herunterfallenden Halterung abgetrennt wird. Mag etwas martia-lisch klingen, aber dient der Übung. Karo-Junge Steven Spielberg wird beim Filmen des *Weißen Hais* zerfetzt. Herz-3 George Clooney trinkt seinen mit Säure versetzten Kaffee, und sein Körper löst sich komplett auf ... Je extremer, je blutrünstiger, je außergewöhnlicher die Personen eliminiert werden, umso besser.

Wenn Sie nun alle niedergemetzelt haben, gehen Sie in Gedan-ken alle Karten in geordneter Reihenfolge der Farben nach (Pik-Ass, 2, 3 ..., Herz-Ass, 2, 3 ...) durch, und Sie werden sofort wissen, welche Persönlichkeiten nicht umkamen – und somit auch wissen, welche Karten sich nicht im Spiel befinden! Versuchen Sie es. Es ist erstaunlich einfach, und mit ein wenig Übung kann dies allein schon sehr beeindruckend wirken.

Beim Black Jack ist es besonders hilfreich zu wissen, welche Karten (nur die Werte, die Farben spielen ja keine Rolle) schon ge-dealt wurden, um so besser einschätzen zu können, ob die nächste Karte eine sichere Sache ist oder hohes Risiko bedeutet. In Europa wird heutzutage in den meisten Casinos leider nur noch mit Karten-misch-Maschinen gearbeitet, und somit fällt das »Kartenzählen«

flach. Da ich in einigen Casinos gesperrt bin, habe ich schon lange nicht mehr Black Jack gespielt, aber das ist eine andere Geschichte ...

Extra-Übung:

Lassen Sie ein Kartenspiel von einem Freund mischen, und lassen Sie sich die Kartenwerte nur aufsagen – wenn wir die Kartenwerte nur hören und nicht sehen, ist es viel schwieriger, sich das Ganze zu merken; aber es ist eine fantastische Konzentrationsübung. Lassen Sie sich dabei am Anfang viel Zeit, um das Gehörte auch sicher und leicht in die richtigen Bilder im Kopf umzuwandeln. Am besten schließen Sie dabei die Augen, um sich noch besser konzentrieren zu können. Wenn Ihnen diese Übung am Anfang zu schwer fällt, dann können Sie sich auch nur ein halbes Kartenspiel aufsagen lassen (ignorieren Sie dabei die gelegte Reihenfolge dieser Karten) und zerstören (wie vorhin) die erwähnten Kartenwerte in Gedanken einen nach dem anderen. Ziel ist es, dass Sie am Schluss die 26 nicht erwähnten Karten aufsagen können (natürlich nicht in der gelegten Reihenfolge – die kennen Sie ja gar nicht –, sondern am besten systematisch nach Farbenwerten sortiert. Also zuerst alle fehlenden Pik, dann Herz ...).

Lost

Nein, hier geht es nicht um die Abenteuer-/Sci-Fi-TV-Serie *Lost*, und wir begeben uns auch nicht nach Hawaii. Sondern es geht um »verloren gegangene« Erinnerungen aus der Kindheit, einen besonderen Urlaub oder ein Reiseerlebnis, das Sie nicht vergessen und wieder auffrischen wollen.

Viele gute und schlechte Erinnerungen sind fest in unser Gedächtnis eingebrannt. Durch aktuelle Gedanken und Erlebnisse hervorgerufen, denken wir immer wieder mal daran. Doch wir denken dann meistens nur an die stärksten Erinnerungen und »graben« nicht weiter. Die »schwachen« und alltäglichen Erinnerungen werden von Zeit zu Zeit automatisch noch schwächer und verschwinden dann irgendwann für immer.

Wenn Sie das nächste Mal also solch einen Gedanken-Flash aus der Vergangenheit haben oder ein altes Foto betrachten, dann versuchen Sie die Szene vor Ihrem geistigen Auge wie auf einem Foto zu sehen, das Sie in Photoshop bearbeiten würden. Verstärken Sie den Kontrast, und lassen Sie die Farben richtig knallig und lebhaft wirken. Schärfen Sie das Bild, und lassen Sie es in Gedanken lebendig werden, bis es sich in ein Video verwandelt und Sie eine ganze Szene vor sich sehen. Stellen Sie sich dann vor, es wäre ein animiertes 360°-Video und Sie könnten sich in alle Richtungen bewegen und von einer Szene in eine andere wechseln. Versuchen Sie sich nicht nur an die visuellen Reize zu erinnern, sondern auch an die Gerüche, die Geräusche und natürlich daran, wie sich etwas angefühlt hat.

Wie alt waren Sie, was für Emotionen hatten Sie ... Erleben Sie gleichsam unmittelbar, wie es damals war, und nicht, wie Sie es heute empfinden würden. Es ist wie bei einem guten Schauspieler, der eine

Rolle immer wieder spielen muss. Nur ein schlechter Schauspieler stellt irgendwann bei einem Langzeit-Engagement auf Autopilot und spielt dann seine Rolle nicht mehr mit der gleichen Intensität und Authentizität. Studienkollegen von mir treten, mit teilweise 18-monatigen Verträgen ausgestattet, in Musicals im Londoner West End auf und absolvieren acht Shows in der Woche; immer die gleiche Rolle: Spätestens nach drei, vier Monaten zeigen sich meist schon echte Abnutzungserscheinungen.

Da lobe ich mir meine interaktive Kunst; es ist jedes Mal wieder etwas Neues, und ich erlebe immer wieder andere Reaktionen. Zudem feile ich immer wieder an Details, und würde ich nicht immer voll präsent sein, dann gingen die Experimente reihenweise in die Hose. Als Solokünstler ist es natürlich auch noch etwas anderes, wenn man authentisch ist und nicht einfach nur eine Rolle spielt. Jede Show von mir ist ein einzigartiges Erlebnis und etwas ganz Besonderes. Aber auch bei einer nicht interaktiven Langzeit-Theaterproduktion hat das Publikum ein Recht darauf, immer wieder ein Erlebnis serviert zu bekommen wie in den ersten Wochen, und der Job der Schauspieler besteht darin, das Stück immer wieder aufs Neue zu durchleben und zu entdecken, als ob sie es zum ersten Mal spielen würden. Das Gleiche gilt für Vorträge, Vorlesungen usw. – es sollte nie einfach auswendig aufgesagt oder, noch schlimmer, wie abgelesen wirken, sondern man sollte sich von Gedanken zu Gedanken »hangeln« und alles frisch durchleben und nicht einfach platt wiedergeben.

Entscheidend ist dabei wie stets im Kontext der Mnemotechniken die Plastizität der Vorstellung: je lebendiger, desto besser!

> Eine weitere gute Übung: Wenn Sie ein Urlaubs- oder ein anderes Erinnerungsvideo gedreht haben, dann versuchen Sie das nächste Mal, bevor Sie das Video tatsächlich anschauen, den Film möglichst genau schon vor Ihrem geistigen Auge zu sehen. Machen Sie sich Notizen zu all den kleinen Details, und vergleichen Sie nachher beim Betrachten des Videos, was Ihnen alles entfallen oder entgangen ist.

Denken Sie einmal darüber nach, wie viele Stunden Sie in der Schule mit Lernen verbracht haben und was Sie davon noch alles wissen. Das Ergebnis ist ernüchternd und erschreckend zugleich, die Art, wie wir etwas lernen und uns merken, sollte besonders mit Blick auf das Schulsystem grundlegend überarbeitet werden – es kann ja nicht sein, dass bei so viel Einsatz am Ende so wenig herauskommt.

Falls Sie immer noch zögern sollten, sich intensiver mit Gedächtnistraining zu beschäftigen und zu trainieren: Hier zum Abschluss noch ein persönliches Erlebnis, das mich unter anderem zu einem noch größeren Enthusiasten bezüglich der Mnemotechniken machte.

Eines der schönsten Dinge an einem heißen Sommertag in Zürich ist es, spätabends im Zürichsee schwimmen zu gehen. Das ist ideal, um sich vor dem Schlafengehen abzukühlen, sich für eine lange Arbeitsnacht am Computer zu erfrischen oder mit Freunden den Abend ausklingen zu lassen. Neben der Abkühlung und der sportlichen Betätigung schätze ich auch die Stille und die besondere Stimmung bei meinem oftmals ganz spontanen Nachtschwimmen.

Ende Juni 2002, an einem besonders warmen Montag, ging ich spontan mit Janina, einer Freundin von mir, kurz nach dreiundzwanzig Uhr bei der Rentenwiese in Zürich schwimmen.

Neben den üblichen Studentengruppen und Pärchen lungerten noch zwei, drei »nichts tuende«, nach Junkie aussehende Gestalten im Park herum; deshalb haben wir uns extra ein Plätzchen zum Baden ausgesucht, das vom Park her durch eine dichte Hecke abgetrennt war und zu dem man einige Meter um die Hecke herumlaufen musste, um an unsere Sachen zu kommen. Vom See her konnten wir alles gut im Auge behalten – doch zu meinem Entsetzen bemerkte ich nach der Schwimmrunde, dass meine Tasche mehr oder weniger vor meiner Nase gestohlen worden war. Der Dieb hatte sich wohl auf allen vieren durch die Hecke gedrückt und sich auf demselben Weg mit meiner Tasche auch wieder davongemacht.

Der schmerzhafte Verlust umfasste meine Geldbörse, mein damals geliebtes rotes Nokia-8210-Mobiltelefon – angeblich auch heute noch das beliebteste Handy von Drogendealern (klein und ohne GPS-Tracker) –, meinen Schlüsselbund und meine Agenda: mein Notizbuch. Der Verlust von ein wenig Geld ist ja nicht wirklich so tragisch, nur ärgerlich, aber der Zeitaufwand, bis man alle Bankkarten und Ausweise wieder zusammenhat, ist riesengroß und bedeutet viel Stress. Bezüglich des Hausschlüssels hatte ich das Glück im Unglück, dass der Dieb wahrscheinlich nur auf das Handy und das Bargeld aus war und die Tasche in den See oder in den Abfall warf und nicht noch schnell meine Wohnung ausräumte ...

Der wirklich schmerzhafteste Verlust war jedoch meine Agenda, die ich ausnahmsweise für ein wichtiges Meeting an diesem Tag dabeihatte. Ich besaß damals nur diese eine Agenda mit allen Terminen, unzähligen Kontaktinformationen und Notizen fürs ganze Jahr; alle neuen Adressen und Telefonnummern, die ich in den letzten Monaten gesammelt hatte, waren zusätzlich nur auf der SIM-Karte meines Handys abgespeichert. Was für ein Albtraum!

Zu meinem großen Glück hatte ich allerdings alle meine Auftrittstermine für das ganze Jahr im Kopf abgespeichert und konnte so alles wieder rekonstruieren. Nur bei einer privaten Show zu einem runden Geburtstag wusste ich keine genauen Details mehr; ich konnte mich zwar noch an das Datum erinnern und dass der Auftritt in Uster stattfinden sollte, aber weder an die genaue Zeit des Auftritts noch an den genauen Auftrittsort.

Im Hinterkopf hatte ich vage, dass die Show irgendwann am Nachmittag im Freien hinter einer Schule geplant war. Also fuhr ich nach Uster und klapperte ein Schulgebäude nach dem anderen ab. Bei der letzten Schule hatte ich Erfolg, und so kam es, meinem Gedächtnis und den Mnemotechniken sei Dank, wenigstens nicht zum totalen Desaster, dass ich bei einem gebuchten Auftritt einfach nicht erscheinen würde! Dennoch habe ich damals viele kleine Ideen-Notizen und sehr viele Kontaktdaten für immer verloren und konnte so bei einigen potenziellen Kunden nicht mehr nachfassen.

Gleich am nächsten Tag wieder zu Hause – mein Bruder brachte morgens einen Ersatzschlüssel vorbei, und die Nacht konnte ich zum Glück bei meiner Bekannten verbringen, sodass ich nicht auch noch vor der eigenen Haustüre übernachten musste – habe ich dann die handgeschriebene »Agenda-Romantik« an den Nagel gehängt und auf eine mit verschiedenen Back-ups versehene Computerlösung umgestellt.

Aber selbst wenn alles mehrfach auf verschiedene Arten abgespeichert ist, kann eine zusätzliche Abspeicherung der wichtigsten Daten, Namen und Telefonnummern in Ihrem Memory-Palace nicht schaden! Die heutige Technologie ist etwas Fantastisches, aber ich schlafe doch besser im Wissen: Wenn alle Stricke reißen, kann ich mich immer noch auf meinen Kopf verlassen ...

Ich hatte an besagtem Abend in Zürich übrigens keine Bade-sachen dabei, und hätte ich es mir aussuchen können, wäre es mir lieber gewesen, wenn meine Kleider geklaut worden wären – und ich dann splitternackt, aber *mit* meiner Agenda unterm Arm nach Hause gelaufen wäre –, als den Datenverlust hinnehmen zu müssen.

In diesem Sinne wünsche ich Ihnen, dass Sie nie so einen herben Verlust erleiden müssen; und zusätzlich natürlich noch viele schöne Momente mit Ihren neuen Fähigkeiten. Nutzen Sie Ihr Potenzial!

Schlusswort mit lustigen, kuriosen und interessanten E-Mails an mich

Das Tolle und Besondere bei meinen Liveshows, Firmengalas oder Vorträgen als Keynote Speaker ist, dass ich auf alles sofort ein Feedback vom Publikum bekomme und unmittelbar spüre, ob eine neue Idee bzw. ein neues Experiment in diesem Moment und für diese Personen funktioniert, verstanden wird und Begeisterung bzw. Verblüffung hervorruft. Zusätzlich bekomme ich natürlich auch viele Kommentare im Rahmen von Gesprächen nach den Vorstellungen, die weitere Inputs geben – all dies wird von mir gefiltert sowie verarbeitet, und dann fließen die Erkenntnisse daraus, sofern sie einen Nutzen haben, direkt wieder in meine Arbeit ein. Es ist ein fortlaufender Prozess, der nicht nur bei ganz neuen, sondern auch bei Experimenten, die ich schon seit zehn oder sogar seit zwanzig Jahren vorführe, nie ganz abgeschlossen ist. Es gibt immer wieder Momente, in denen ich noch etwas verändere, etwas verbessere, und manchmal sieht ein Experiment schon am nächsten Tag im Zusammenhang desselben Programms schon wieder ganz anders aus, oder ich passe eine Show dem jeweiligen Publikum, den äußeren Bedingungen und anderen Umständen spontan auf der Bühne an.

Bei diesem Buch oder bei meinen TV-Sendungen ist/war es allerdings etwas ganz anderes: Nach intensiver Vorarbeit gibt es einen klaren Abschluss, das Werk wird nach außen getragen – und im Nachhinein kommen dann erst die ganzen Reaktionen darauf meist in »indirekter« Form von E-Mails zu mir zurück.

Das besitzt eine ganz andere Dynamik, und besonders die unzähligen E-Mails, die ich als Feedback auf meine eigene TV-Serie

Der Gedankenjäger erhielt, waren manchmal doch etwas speziell. Der größte Teil der Rückmeldungen waren E-Mails von Fans, mit denen die Verfasser sich bedankten, ihre Begeisterung ausdrückten, ein Date ergattern, mich unbedingt mal live erleben, ihre Neugier zu den verschiedensten Themen ausdrücken wollten oder eben auch nach einem Buch »verlangten« ...

Nun ist das Buch auf der Welt, und ich möchte mich hiermit bei allen für die unzähligen Feedbacks – es waren so viele, dass ich leider die meisten gar nicht beantworten konnte – herzlichst bedanken! Zunächst einmal waren natürlich sehr viele ernst gemeinte, und manche halbernst gemeinte, Buchungsanfragen dabei, dann auch einige persönliche Hilferufe (da verweise ich stets auf professionelle ärztliche bzw. therapeutische Betreuung), Stalker, die eine oder andere Beschimpfung, Esoteriker auf der Suche nach Weiterbildung oder welche, die mir ihre Dienste andrehen wollten, und noch viele weitere kuriose Reaktionen ...

Eine besondere Nachricht übertraf aber alles: Ein Mann, Besitzer eines Unternehmens, schickte mir 2006 eine E-Mail, in der er sich als begeisterter TV-Zuschauer meiner Sendungen zu erkennen gab und unbedingt meine Fähigkeiten in Anspruch nehmen wollte. Ein sehr geschätzter Kadermitarbeiter habe kurz zuvor überraschend gekündigt, und bei verschiedenen Gesprächen habe sich nun herausgestellt, dass besagter Mitarbeiter unter dem schlechten Einfluss seiner Frau stehe und nur deshalb gekündigt habe. Es folgten persönliche Angaben zum Mitarbeiter und dessen Frau mit der Bitte, dass ich die beiden so beeinflussen solle, dass der Mitarbeiter seine Kündigung zurückziehe. Im Erfolgsfall werde er sich sehr erkenntlich zeigen – und natürlich solle ich alles diskret erledigen.

Nachdem ich diese Mail gelesen hatte, war mir sofort klar, dass ich einmal in einem Buch darüber schreiben möchte – ist ja wie in einem schrägen Film, wenn irgendwer aus dem Nichts heraus jemanden, den er nicht kennt, anschreibt und quasi für einen Auftrag »anheuern« möchte ...

Apropos: Von misstrauischen Beziehungspartnern, die zwar selbst ihren Partner/ihre Partnerin nach Strich und Faden betrogen haben, aber aus Misstrauen dem anderen gegenüber dann mich als »Lügendetektor« buchen wollten, um ihre Frau/ihren Mann zu testen, sind übrigens natürlich auch immer wieder Anfragen dabei. Sie sehen, es wird da nie langweilig.

Es folgt eine kleine Auswahl an E-Mails, die ich auf die eine oder andere Art wirklich sehr besonders finde:

Datum: 03. August
An: Tobias Heinemann
Betreff:

Guten Tag, Herr Heinemann,

mit Erstaunen verfolge ich Ihre TV-Sendung.

Ich habe ein gesundheitliches Problem, bin auch regelmäßig beim Doktor, aber mit den Pillen ist das Problem nur gelindert, und wir wissen nicht, weshalb, und wie es weggeht. Nun möchte ich Sie fragen, ob wir uns einmal treffen könnten.

Ich habe folgendes Problem, das ist kein, Spaß, was ich Ihnen schreibe.

Man kann meine Gedanken hören, wenn ich auf der Straße laufe oder in der Arbeit bin. Mich schauen die Leute immer so komisch an.

Mein Doc und mein engerer Bekanntenkreis, wo ich nachgefragt habe, sagen immer, dass sie nichts hören, aber ich bin überzeugt, dass es so ist.

Nun bitte ich Sie, mir zu sagen, ob das möglich oder wirklich nur Einbildung ist. Für mich ist es einfach komisch, dass mich auf der Straße die Leute seltsam ansehen.

Nun warte ich gespannt auf Ihre Mail.

Mit freundlichen Grüßen

M.

Datum: 10. April
An: Tobias Heinemann
Betreff: dunkle mächte

guten tag, herr heinemann,

aufgrund der sendung *der gedankenjäger* bin ich über ihr können sehr erstaunt.

da ich überzeugter christ bin, stellte ich mir die frage, ob hier nicht satanistische kräfte im spiel sind. Weiter könnte ich mir dies auch als eine gabe gottes vorstellen.

sind sie über die herkunft informiert, oder sehen sie das als eigenes können?

danke für ihre antwort.

gruss, m.

Datum: 21. Mai
An: Tobias Heinemann
Betreff: Gedankenjäger zurück

Sehr geehrter Herr Heinemann!

Eben habe ich eine kleine Zeitungsnotiz im *20 Minuten* gelesen, worin Sie als Mentalist unter obenerwähntem Titel figurieren und in der auf Ihre TV-Sendung verwiesen wird.

Darf ich Sie fragen, ob Sie Gedankenleser sind wie ich – d. h. ohne Ausbildungswege dahingelangt sind – oder sich ausbilden liessen? Ich nenne es akustisches Syndrom von Zürich, herbeigeführt von den vielen Handyantennen im Raum Zürich-Weltstadt. Wären Sie interessiert an einem Gespräch über solche Begabungen? Würde Sie gerne irgendwo in einem Café treffen und mich mit Ihnen unverbindlich darüber unterhalten!

mit freundlichen Grüssen

H.

Datum: 10. Juli
An: Tobias Heinemann
Betreff: Einladung

Lieber Herr Heinemann

Ich habe alle Ihre Sendungen gesehen und bin begeistert. Nach meinen Erzählungen gegenüber meiner Mutter hat diese ebenfalls gekuckt. Leider behauptet sie, es wäre Beschiss.

Darum wollte ich Sie fragen, ob Sie Interesse hätten, einen Spot bei uns zu Hause zu drehen ... Meine Mutter kocht, und Sie bringen nen Zettel, was sie kocht ...

Liebe Grüsse
R.

Datum: 23. August
An: Tobias Heinemann
Betreff:

Lieber Herr Heinemann

Ich habe gestern Abend auf SF2 Ihre Show (oder eher Vorführung ...?) gesehen, und ich muss ehrlich zugeben: Ich bin platt! War enorm beeindruckend. So wie auch über Ihren Lebenslauf auf Ihrer Website.

Ich war besonders begeistert von dem Beispiel, wo Ihr Fan Ihnen einen Brief schrieb über dessen optimale Frau, die es zu finden gilt. Und die Sie offenbar auch gefunden haben!!! Ich habe mich gefragt, wenn das bei Mensch-findet-Mensch möglich ist, könnte es wohl auch bei Mensch-findet-Job zu realisieren sein?!? Ich arbeitete letztes Jahr auf den Malediven und in Dubai und bin im Dezember zurückgekommen. Seither arbeite ich temporär und auf Teilzeitbasis, weil ich ja nicht nur einen, sondern *meinen* Job finden will ... wo immer der auch sein mag (ich suche weltweit).

Ich bin weitgereist, weltoffen und liebe Herausforderungen jeder Art. Nun reisst es mir aber doch langsam an den Nerven, diese Arbeitssuche. Ich habe keine hohen Lohnforderungen, bin äusserst flexibel, stressresistent und habe eine, wie ich denke, durchschnittliche Ausbildung.

Ich weiss nicht, an was es liegt, irgendwie scheint mich was zu blockieren oder so.

Da ich sämtliche Möglichkeiten ausloten möchte und mich Ihre Art und Ihr Auftritt gestern überzeugt haben, dachte ich, es einfach mal zu versuchen und Ihnen zu schreiben. Es wäre toll, wenn ich ein Feedback erhalten würde ... und noch besser, wenn Sie mir vielleicht sogar eine kurze persönliche Einschätzung geben könnten?!?

Ich sende Ihnen einfach mal meinen Lebenslauf, zu Ihrer Information. Sie sind ja auch in der Welt herumgekommen, und vielleicht könnten Sie mir einen Hinweis geben, was ich verbessern kann? Bitte halten Sie mich nicht für verrückt ... normalerweise schreibe ich nicht wildfremde Menschen an, grins.

Vielen Dank fürs Erste. Und Ihnen wünsche ich weiterhin viel, viel Erfolg und weitere spannende Erlebnisse!

Herzlichst
U.

Datum: 29. August
An: Tobias Heinemann
Betreff: was tun???

Hallo Tobias

Mein Sohn D. hat ein kleines Problem. Er hat am Mittwoch, 19.7., vormittags seine Uhr, die er zur Konfirmation erhalten hat, verloren! Oder ist sie ihm abhandengekommen? Da war ein Mädchen, das in dem Moment, als er die Uhr ausgezogen hat, ihr Velo neben dem Traktor, an dem mein Sohn gearbeitet hat, abholte!

Du, Tobias, kannst ihm vielleicht helfen. Ich wüsste nicht, wie ich dieses Mädchen ansprechen sollte, um zu einer ehrlichen Aussage zu gelangen.

Vielleicht weisst Du etwas darüber, oder Du vermittelst uns eine Adresse von jemandem, der so etwas macht.

Ich will dich in keinster Weise belästigen oder bedrängen ...

Ich wünsche Dir eine gute Zeit.

Vielen Dank, dass du diese E-Mail liest.

Mit freundlichen Grüssen
A.

Datum: 17. August

An: Tobias Heinemann

Betreff: Feedback ... aber vielleicht wissen Sie das ja schon ...

Guten Tag, Herr Heinemann,

ich muss schon sagen, dass mich Ihre Show im Schweizer Fernsehen mehr als nur fasziniert und fesselt.

In dieser rationalen Welt ist es für mich ein »geistiger« Urlaub, Ihnen im TV zusehen zu dürfen!!!

Wie auch immer Sie diese »Experimente« durchführen ... es bleibt unbegreiflich. Zum Glück. Dennoch hab ich mit meiner Freundin einen Versuch gewagt, Zahlen zwischen 0 bis 9 zu erraten ... zu meinem Erstaunen erriet ich mit dem ersten Versuch die erste Zahl, am selben Abend sogar mehrmals ... da muss was dran sein ... oder nur Zufall?

Ab nun an im Zug werde ich versuchen, mich in den nächstbesten Fahrgast »einzuloggen« ... vielleicht passiert ja mal noch was ...

Machen Sie weiter so!! Ich werde auch zukünftig kopfschüttelnd vor der Kiste sitzen.

Gruss
S.

Von: R.
Datum: 27. Juli
An: Tobias Heinemann
Betreff: Lehrling

Grüezi Herr Heinemann

Ihre Sendungen im Schweizer Fernsehen sowie Ihre Website sind sehr faszinierend – Gratulation.

Ich würde gerne für Sie arbeiten – als Lehrling, Tour-Manager oder einfach Mädchen für alles.

Ich bin 35 Jahre, besitze langjährige Auslandserfahrung und bin ein Organisationstalent.

Es würde mich freuen, von Ihnen zu hören.

Ciao
R.

Hallo Tobias

Wir, das Salesteam der ... AG, verfolgen alle deine Sendungen mit grossem Interesse. Das verursacht natürlich Gesprächsstoff, und glaub mir, es wird heftig diskutiert bei uns.

Wir haben aber jemanden in der Gruppe, eine nette Dame, die nichts davon glauben kann/will vom Gedankenlesen – es sei alles abgesprochen und Fake – alles, um nur die Einschaltquoten zu steigern!

Unsere Frage an Dich: Wir sind an der ... (Nähe Flughafen). Wäre es Dir möglich, solltest Du gerade hier in der Nähe sein, bei uns mal reinzuschauen und evtl. 1, 2 deiner Fähigkeiten hier live zu demonstrieren? Als Gegenleistung würden wir Dir für eine deiner Reisen ein Mietfahrzeug zur Verfügung stellen.

Wir würden uns über eine positive Antwort von Dir sehr freuen!

Liebe Grüsse
G.

Account Manager
... AG

Datum: 4. April
An: Tobias Heinemann
Betreff: TV-Sendung

Guten Tag, Herr Heinemann,

Entsetzen herrscht!

Nach der ersten Sendung bin ich sehr traurig, weil das Schweizer Fernsehen derart unverantwortlich Ihre Fähigkeiten demonstriert. Das Schlimmste ist, dass die betroffenen Leute ohne Erklärungen bleiben und man die Zuschauer zu Hause mit Ihren Gedanken alleinlässt.

Sie demonstrieren Experimente, die die meisten Menschen auf der Welt lernen könnten, wenn man ihnen die geistigen Gesetze erklären würde.

Als Jugendlicher habe ich jahrelang selber weltweit relevante Zukunftsträume gehabt, inklusive Lottozahlen, und konnte – wenn ich mich konzentrierte – die Gedanken anderer lesen. Noch nie hatte ich mir so schnell Feinde gemacht, denn die Leute waren verletzt, verunsichert, wenn jemand wusste, was sie wirklich dachten. Dies bedeutete die Verletzung der geistigen Intimsphäre.

Niemand hat das Recht, die Gedanken anderer Mitmenschen zu lesen und »Gott« zu spielen.

Wenn man es konsequent für Hilfe oder Heilung nutzt, mit vorheriger Erlaubnis des Betroffenen, dann ja.

Aber: »Umsonst hast du die Begabung erhalten, umsonst sollst du sie weitergeben.«

Es ist schlecht, mit dieser Begabung Geld zu verdienen mit »Shows«.

Sie bauen sich damit ein negatives Karma auf. Und bekanntlich wird man ernten, was man sät!

Bitte nehmen Sie diese Ratschläge ernsthaft an, es steckt noch viel mehr dahinter, als ich in diesem kurzen Mail sagen kann.

Frohe Grüsse

T.

Impressum

Tobias Heinemann
Entfessle dein Potenzial
Stärke deine Intuition für mehr Erfolg und Lebensqualität
ISBN: 978-3-95910-120-2

Eden Books
Ein Verlag der Edel Germany GmbH
Copyright © 2017 Edel Germany GmbH, Neumühlen 17, 22763 Hamburg
www.edenbooks.de | www.facebook.com/EdenBooksBerlin | www.edel.com
1. Auflage 2017

www.tobiasheinemann.com

Einige der Personen im Text sind aus Gründen des Persönlichkeitsschutzes anonymisiert.

Projektkoordination: Svenja Monert und Kathrin Riechers
Lektorat: Dr. Matthias Auer
Umschlaggestaltung: Geela Eden
Umschlagfoto: © Moritz Thau
Illustration S. 81: © Created by Freepik
Satz: Datagrafix GmbH, Berlin
Druck und Bindung: optimal media GmbH, Glienholzweg 7, 17207 Röbel/Müritz

Das FSC®-zertifizierte Papier *Holmen Book Cream* für dieses Buch lieferte Holmen Paper, Hallstavik, Schweden.

Printed in Germany

Dieses Buch ist auch als E-Book erhältlich.

Um die kulturelle Vielfalt zu erhalten, gibt es in Deutschland und in Österreich die gesetzliche Buchpreisbindung. Für Sie, liebe Leserin und lieber Leser, bedeutet das, dass Ihr verlagsneues Buch jeweils überall dasselbe kostet, egal, ob Sie Ihre Bücher gern im Internet, in einer großen Buchhandlung oder beim kleinen Buchhändler um die Ecke kaufen.